Max Niebling

Investieren ohne Umwege

Der kürzeste Weg zum eigenen ETF-Portfolio

Max Niebling

Investieren ohne Umwege

Der kürzeste Weg zum eigenen ETF-Portfolio

Haftungsausschluss: Eine Kapitalanlage in Wertpapiere wie Aktien-ETFs oder andere Vermögenswerte ist mit Risiken verbunden. Es kann zum Verlust des eingesetzten Kapitals kommen. Vergangene Renditen sind keine Gewähr für zukünftige Renditen. Der Autor gibt keine Garantie für die Richtigkeit und Vollständigkeit der in diesem Buch enthaltenen Informationen, Daten und Berechnungen. Ebenso übernimmt der Autor keine Haftung für Schäden, die aus den von Inhalten dieses Buches abgeleiteten Handlungen resultieren. Dieses Buch stellt weder eine Anlageberatung noch eine Aufforderung zum Kauf oder Verkauf von Wertpapieren oder anderen Vermögenswerten dar.

Externe Links wurden bis zum Zeitpunkt der Drucklegung des Buches geprüft. Auf etwaige Änderungen zu einem späteren Zeitpunkt hat der Verlag keinen Einfluss. Eine Haftung des Verlags ist daher ausgeschlossen.

Ein Hinweis zu gendergerechter Sprache: Die Entscheidung, in welcher Form alle Geschlechter angesprochen werden, obliegt den jeweiligen Verfassenden.

Bibliografische Information der Deutschen Nationalbibliothek
Die Deutsche Nationalbibliothek verzeichnet diese Publikation in der Deutschen Nationalbibliografie; detaillierte bibliografische Daten sind im Internet über http://dnb.d-nb.de abrufbar.

ISBN 978-3-96739-197-8

Lektorat: Anja Hilgarth, Herzogenaurach
Umschlaggestaltung: Tina Mayer-Lockhoff, Berlin
Autorenfoto: © Max Niebling
Satz und Layout: ZeroSoft, Timisoara
Druck und Bindung: Salzland Druck, Staßfurt

Wir drucken in Deutschland.

www.gabal-verlag.de
www.gabal-magazin.de
www.facebook.com/Gabalbuecher
www.twitter.com/gabalbuecher
www.instagram.com/gabalbuecher

Inhalt

Meiner Frau Sara und
meiner Tochter Rosa
für ein glückliches
und erfülltes Leben

Ein Gedankenexperiment

Kennen Sie das Gedankenexperiment vom „Josephspfennig“? Es geht so: Der Vater von Jesus, Joseph, legt zur Geburt seines Sohnes im Jahre 0 bei der örtlichen Bank von Bethlehem einen (1) Cent an. Der Zins beträgt 1 % pro Jahr. Doch beide vergessen ihre Anlage. Ein Jahr nach dem anderen kommt und geht. Jedes Jahr erwirtschaftet das Geld Zinsen und Zinseszinsen. Wie viel Geld liegt nun im Jahre 2023 auf dem Sparkonto? Es sind unglaubliche 5,5 Millionen Euro. Das ist das Wunder des Zinseszinseffektes.

Aber wer will schon mehr als 2000 Jahre warten, um aus einem Cent ein Vermögen zu machen? Niemand. Aber das ist auch gar nicht nötig. Denn es gibt zeitgemäßere Formen, sein Geld zu vermehren. Nämlich am Aktienmarkt. Über viele Jahrzehnte ist der globale Aktienmarkt im Durchschnitt zwischen 7 und 9 % pro Jahr gewachsen. Bei einer Rendite von 7 % pro Jahr verdoppelt sich das angelegte Geld aufgrund des Zinseszinseffektes ungefähr alle 10 Jahre. So können Anleger selbst mit kleineren Beträgen eine größere Summe erwirtschaften. Am einfachsten und sichersten geht das mit einem breit gestreuten Aktien-ETF-Portfolio. Und der Weg dorthin ist kürzer als gedacht. Das ist das zentrale Thema meines Buches.

Ich bin weder Finanzberater noch Börsenhändler. Ich verspreche Ihnen auch nicht den Weg zur schnellen Million. Ich bin einfach ein Privatanleger, der sein Leben genießen und nicht mehr Zeit als nötig mit seiner Geldanlage verbringen will. Und ich bin davon überzeugt, Sie wollen das auch. Bei meiner eigenen Geldanlage in ETFs habe ich eines gelernt: Ich muss gar nicht viel lernen und wissen, um in ETFs zu investieren. Deshalb habe ich dieses Buch geschrieben, ein Buch von mir als Privatanleger für Sie als Privatanleger. Ein Buch, das Sie auf dem kürzesten und schnellsten Weg zu einem eigenen globalen Aktienportfolio aus ETFs führen soll.

Zunächst erkläre ich Ihnen die fünf wichtigsten Grundsätze der Geldanlage in ETFs. Danach zeige ich Ihnen, wie Sie in fünf Schritten ein erfolgreiches ETF-Portfolio bauen. Und zum Schluss lernen Sie drei einfache Regeln für die Verwaltung Ihres Portfolios kennen. Wichtige Fachbegriffe habe ich beim ersten Vorkommen gut und verständlich erläutert. Im Glossar im Anhang können Sie die einschlägigen Begriffe noch mal nachschlagen.

Das war's. Mehr als dieses Buch brauchen Sie für eine erfolgreiche Geldanlage in ETFs nicht zu lesen. Legen Sie also los. Zeit ist bekanntlich Geld. Je früher Sie mit dem Investieren beginnen, desto größer wird Ihr Vermögen.

Max Niebling
Frankfurt am Main, Januar 2024

1. PORTFOLIOGRUNDSÄTZE

Fünf Grundsätze für die Geldanlage in ETFs

Das Börsenspiel von Angebot und Nachfrage

Fast jeden Tag berichten Journalisten von der Börse. Sie informieren über die Entwicklung der Aktienkurse. Sie informieren über den Stand des Börsenbarometers DAX. Oder sie informieren, was gerade in der Wirtschaft geschieht. Aber was genau passiert an der Börse?

Die Börse

Eigentlich ist die **Börse** wie ein Marktplatz. Marktplätze kennen wir aus unserem Alltag. Ihr Grundprinzip ist seit Jahrhunderten gleich: Verkäufer bieten ihre Ware an. Käufer zeigen ihr Interesse. Dann verhandeln beide um den Preis. Interessieren sich auf dem Marktplatz viele Leute für ein besonderes Gewürz, einen feinen Stoff oder ein kunstvolles Schmuckstück, steigt der Preis der Ware. Ist die Nachfrage hingegen gering, sind die Händler zu einem Nachlass bereit. Die Börse funktioniert ganz ähnlich. Doch statt Gewürzen oder Stoffen werden dort Wertpapiere, z. B. Aktien, gehandelt.

Eine Börse hat verschiedene Aufgaben: Sie stellt eine Handelsplattform für Wertpapiere bereit. Sie bringt Käufer und Verkäufer zusammen. Sie beaufsichtigt die Preisbildung und sorgt für transparente Preise. Unternehmen nutzen die Börse, um sich durch die Ausgabe von Aktien Kapital für ihr Geschäft zu beschaffen. Anleger finden an der Börse Möglichkeiten, ihr Geld zu investieren. Früher fand der Handel an der Börse von Angesicht zu Angesicht auf dem sog. Börsenparkett statt. Heute läuft der Handel elektronisch ab. Seit jeher treten Käufer und Verkäufer von Wertpapieren meist nicht direkt miteinander in Kontakt. Dies übernehmen Mittler wie Wertpapierhändler, Broker oder Depotbanken. Sie arrangieren die Transaktionen. Neben Wertpapierbörsen gibt es auch Spezialbörsen für Rohstoffe und Devisen. Neuerdings entstehen auch Kryptobörsen.

Wertpapiere

Ein Wertpapier ist ein verbrieftes Vermögensrecht, also eine Urkunde, die dem Käufer den Anspruch auf einen bestimmten Wert bestätigt. Damals war ein Wertpapier eine richtige Urkunde aus Papier. Heute ist sie digital hinterlegt. Es gibt verschiedene Arten von Wertpapieren. Die wichtigsten sind Aktien und Anleihen.

Aktien verbriefen Anteile an Unternehmen. Verkauft ein Anleger seine Aktie, so verkauft er seinen Anteil am Unternehmen an einen anderen Anleger.

Anleihen verbriefen das Recht auf Rückzahlung eines Kredits zu einem bestimmten Zeitpunkt zuzüglich einer Verzinsung. Sie heißen daher auch „festverzinsliche Wertpapiere“. Im Unterschied zum klassischen Privatkredit werden Anleihen öffentlich begeben und gehandelt.

Für Privatanleger sind besonders jene Wertpapiere interessant, die sie zur Vermögensanlage nutzen können. Das sind neben Aktien und Anleihen insbesondere **ETFs**. ETFs bündeln auf praktische Weise verschiedene Wertpapiere in einer Anlage.

Anlageklassen

Geldanlagen lassen sich nach verschiedenen Anlageklassen gliedern. Also danach, in welche Werte Anleger investieren. Eine Anlageklasse, engl. „asset class“, ist eine Gruppe von Vermögenswerten mit gemeinsamen Merkmalen, z. B. hinsichtlich Wertentwicklung und Risiko.

Klassische Anlageklassen sind z. B. Aktien, Anleihen und Immobilien. Mit der Wertpapierart ETF können Anleger z. B. in die Anlageklasse Aktien (Aktien-ETFs) oder die Anlageklasse Immobilien (Immobilien-ETFs) investieren.

Aktien und Anleihen sind sowohl Wertpapierarten als auch eine eigene Anlageklasse. Für ein erfolgreiches ETF-Portfolio braucht es eigentlich nur eine Anlage in Aktien. Diese erwirtschaften die Rendite. Ggf. kann noch eine Anlage in Tages-/Festgeld und Staatsanleihen in Betracht kommen. Sie reduzieren das Verlustrisiko und sorgen für Stabilität und Sicherheit.

Die wichtigsten Anlageklassen

Aktien	Beteiligungen an einem börsennotierten Unternehmen
Anleihen	Börsengehandelte Kredite an Staaten oder Unternehmen
Immobilien	Wohnimmobilien und Gewerbeimmobilien
Rohstoffe	Energierohstoffe (z. B. Öl, Gas, Kohle), Industriemetalle (z. B. Aluminium, Kupfer, Zink), Edelmetalle (z. B. Gold, Silber, Platin), Agrarrohstoffe (z. B. Weizen, Rinder, Kaffee)
Edelmetalle	Untergruppe der Rohstoffe, insb. Gold
Geldmarktanlagen	Kurzfristige Guthaben und Forderungen, wie z. B. Tages-/Festgeld, Sparbuch, Schatzwechsel
Cash	Bargeld
Devisen	Zahlungsmittel in ausländischer Währung, z. B. Bankguthaben, Schecks, Wechsel
Außergewöhnliche Anlagen	Sammlerobjekte, z. B. Kunstwerke, Oldtimer, Luxusuhren; Kryptowährungen, z. B. Bitcoin, Ethereum

Tabelle 1

Grundsatz 1: Setze auf Aktien

Viele Privatanleger schätzen die historischen und zukünftigen Renditen von Investments falsch ein.[1] Die Gründe dafür sind vielfältig. So berücksichtigen Privatanleger etwa nicht Inflation und Kaufkraftverlust. Oder sie lassen sich von überzogenen Renditeversprechungen der Finanzbranche blenden oder von reißerischen Schlagzeilen der Finanzpresse verlocken. Für Letzteres gibt es sogar einen eigenen Begriff: „Finanzpornografie".

Wer sein Geld anlegt, sollte daher wissen, welche Rendite er ungefähr erwarten kann. Hierbei hilft ein Blick auf die historischen Renditen verschiedener Anlageklassen.

Was bedeutet eigentlich Rendite?

Das Wort „Rendite" kommt ursprünglich aus dem Italienischen. Es heißt so viel wie „Einnahmen". Unter „Rendite" verstehen wir den Ertrag oder Gewinn, den wir mit einer Geldanlage erzielen. Die Rendite wird immer in Prozent angegeben. Sie wird in der Regel auf Jahresbasis errechnet. Dadurch lassen sich verschiedene Anlageformen im Hinblick auf ihr Potenzial vergleichen.

Die Rendite errechnet sich aus dem Verhältnis zwischen erzieltem Gewinn und eingesetztem Kapital. Die Formel lautet:

$$\frac{\text{Gewinn}}{\text{Kapitaleinsatz}} \cdot 100 = \text{Rendite in \%}$$

Sie legen z. B. 1000 Euro an und erzielen dabei einen Gewinn von 50 Euro. Dann beträgt Ihre Rendite 5 %. Die Rendite einer Aktie errechnet sich aus den Dividendenzahlungen plus der Kursveränderung. Die Rendite des Aktienmarktes als Ganzes wird auch **Marktrendite** genannt. Sie ist quasi die Durchschnittsrendite, die sich aus dem Handeln aller Aktienanleger ergibt.

Rendite ist jedoch nicht gleich Rendite. Die **nominale Rendite** misst den rein zahlenmäßigen Wertzuwachs einer Anlage ohne Berücksichtigung von Inflation und Kaufkraftverlust. Sie ist die „sichtbare" Rendite, die ein Anleger auf dem Papier erzielt. Bei der **realen Rendite** hingegen wird die Inflation abgezogen. Sie misst den echten Kaufkraftzuwachs. Deswegen ist die reale Rendite die ehrlichere. Erwirtschaftet ein Anleger nominal 5 % Rendite bei einer Inflation von 2 %, so beträgt seine reale Rendite am Ende nur 3 %. Liegt die Inflation bei 7 %, ist die reale Rendite mit -2 % sogar negativ.

Schauen Anleger nur auf die nominale Rendite, laufen sie Gefahr, der sogenannten „Geldwertillusion" zu erliegen. Hierbei berücksichtigen sie den inflationsbedingten Kaufkraftverlust nicht. Sie unterliegen der Illusion, dass das Geld nach einer bestimmten Zeit noch den gleichen Wert wie zuvor hat. Lediglich die reale, die inflationsbereinigte Rendite zeigt, ob der Anleger einen tatsächlichen Kaufkraftzuwachs erzielte. Allerdings sollte nicht vergessen werden, dass von der Rendite auch noch Kosten und Steuern abzuziehen sind.

Welche Renditen können Anleger langfristig erwarten?

Zahlreiche Studien und Forschungsarbeiten zeigen, dass Aktien seit über 100 Jahren die Anlageklasse mit der höchsten Rendite sind.[2] So haben die Wissenschaftler Dimson, Marsh und Staunton die historischen Renditen verschiedener Anlageklassen seit dem Jahr 1900 ausgerechnet. Ihr Ergebnis: Die beste Wertentwicklung zeigten auf lange Sicht Aktien. Diese erzielten eine reale Rendite von 5 % pro Jahr (in US-Dollar). Aktien haben nicht nur andere Anlageklassen, sondern auch die Inflation geschlagen. D. h., sie haben real, in Kaufkraft gerechnet, an Wert gewonnen.[3]

Wer 100 US-Dollar im Jahr 1900 in ein globales Aktienportfolio investiert hätte, hätte jetzt (nach 123 Jahren) real einen Kaufkraftzuwachs auf 40.390 Dollar erzielt. Risikolose, sparbuchähnliche Zinsanlagen hätten inflationsbereinigt nur 163 Dollar eingebracht. Von 100 Dollar unterm Kopfkissen wäre heute hingegen nur noch eine Kaufkraft von 2,97 Dollar übrig geblieben. Das ist ein fast vollständiger Wertverlust.

Dies zeigt den negativen Einfluss der Inflation. Diese lag im Schnitt bei rund 3 % in US-Dollar. Ohne Abzug der Inflation betrug die nominale Rendite von Aktien rund 8 %. Hier wären die 100 Dollar nominal auf über 1.000.000 Dollar angewachsen. Inflationsbereinigt wäre davon eine Kaufkraft von ebenjenen 40.390 Dollar übrig geblieben.[4]

Aktien sind die renditestärkste Anlageklasse – reale (inflationsbereinigte) Renditen wichtiger Anlageklassen seit 1900 pro Jahr

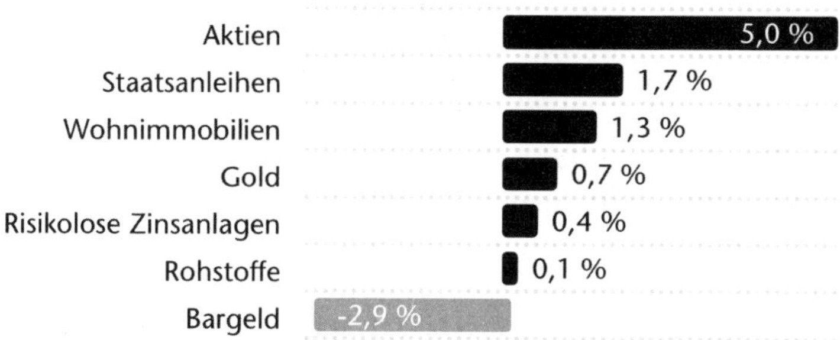

Abbildung 1 • Datenquellen: Dimson/Marsh/Staunton 2018/2023, David S. Jacks • Zeitraum: 1900–2022 (123 Jahre); Wohnimmobilien abweichend: 1900–2017 (118 Jahre) • in US-Dollar

! **Aktien sind die renditestärkste Anlageklasse und schützen vor Inflation!**

Für Anleger in Deutschland ist relevant, welche Rendite sie unter hiesigen (deutschen) Bedingungen in den letzten Jahrzehnten erzielen konnten. Gemessen am MSCI World, *dem* Standardindex für ein breit diversifiziertes, globales Aktienportfolio, haben globale Aktien sowohl deutsche Aktien als auch andere deutsche Anlagen deutlich geschlagen. Globale Aktien entwickelten sich übrigens real mehr als doppelt so gut wie das „Betongold" Wohnimmobilien.[5] Wer zu Beginn des Index 1970 in den MSCI World investierte, erwirtschaftete bis heute eine nominale Rendite von 8 % p.a., in Euro gerechnet. Abzüglich einer Inflation in Deutschland von damals bis heute von rund 2,6 % p.a. konnten sich Anleger über eine reale Rendite von 5,4 % p.a. freuen. Das ist übrigens keine geschönte Zahl. Sie beinhaltet die Ölkrisen der 1970er-Jahre, das Platzen der Dotcom-Blase Anfang der 2000er und die Finanzkrise 2008/09, bei denen der globale Aktienmarkt teils um 50 % absackte.

Der globale Aktienmarkt hat deutsche Anlagen outperformt – reale und nominale Renditen verschiedener Anlageklassen seit 1970 pro Jahr

Anlageklasse	**Rendite p.a.**	
	real	**nominal**
Aktien global (MSCI World)	5,4 %	8,0 %
Aktien Deutschland (DAX)	4,4 %	7,0 %
Staatsanleihen Deutschland (RexP)	2,9 %	5,5 %
Wohnimmobilien Deutschland (GREIX)	2,5 %	5,1 %
Euro-Bargeld Deutschland	-2,6 %	unv.

Tabelle 2 • Datenquellen: MSCI, Deutsches Aktieninstitut, Deutsche Bundesbank, IfW Köln/ECONtribute, Börse Frankfurt, Wikipedia • Zeitraum: 1970–2022 (53 Jahre) • MSCI World, DAX und RexP sind hier Bruttoindizes • GREIX gewichtet nach Zahl der Transaktionen • in Euro

Die obigen historischen Renditen ab 1900 basieren auf globalen Daten und sehr langen Zeitreihen. Sie eignen sich damit als grober Richtwert für langfristig erzielbare Renditen. Der globale Aktienmarkt ist über viele Jahrzehnte hinweg im Durchschnitt nominal zwischen 7 und 9 %, real um die 5 % pro Jahr gewachsen. Eine ähnliche Langfristrendite dürften Anleger daher wohl auch zukünftig erwarten. Angesichts einer positiven und im Vergleich zu anderen Anlageklassen auch höheren Realrendite in der Vergangenheit führt auch in Zukunft an Aktien für die langfristige Vermögensbildung oder Altersvorsorge kein Weg vorbei.[6]

Wird der Aktienmarkt auch in Zukunft wachsen?

Ja, wird er. Ganz einfach, weil Unternehmen Gewinne erwirtschaften. Dadurch steigt ihr innerer Wert und damit ihr Aktienkurs. Ohne Gewinne würden Unternehmen auf kurz oder lang pleitegehen. Dann gäbe es auch keine Weltwirtschaft. Das Wesen der globalen Marktwirtschaft besteht darin, dass Unternehmen Gewinne erwirtschaften. Solange das so ist, werden die Renditen von Aktien langfristig positiv sein.

Drei Gründe sprechen für einen weiter steigenden Aktienmarkt:

1. Die Bevölkerung wächst weiter. Derzeit leben rund 8 Milliarden Menschen auf der Erde. Am Ende des Jahr-

hunderts werden es mehr als 10 Milliarden sein. Mit steigender Weltbevölkerung wird natürlich auch das Kundenpotenzial der Unternehmen steigen. Insbesondere in den Entwicklungsländern wächst die Bevölkerung. Hier wird es viele neue, zusätzliche Kunden geben.

2. Die Bedürfnisse der Menschen sind unendlich. Die Menschen wollen ihr Leben verbessern, sie wollen mehr, sie wollen Neues. Wer früher ein Festnetztelefon und dann ein Handy hatte, der besitzt heute ein Smartphone. Unternehmen werden die Bedürfnisse der Menschen mit ihren Waren und Dienstleistungen stillen. Entsprechend wachsen Umsatz und Gewinne und mit ihnen auch die Aktienkurse der Unternehmen.
3. Die technologische Entwicklung schreitet voran: Telegrafie, Festnetztelefon, Mobiltelefon, Smartphone – diesen Fortschritt verdanken wir den Unternehmen. Sie forschen, entwickeln neue Techniken, machen mehr Gewinne, werden wertvoller. Ihr Aktienkurs steigt. Und die nächste Technologierevolution steht bereits an: Biotech, Künstliche Intelligenz, Quantencomputer. Übrigens, Fortschritt kann nachhaltig und ressourcenschonend sein. Das Smartphone vereint z. B. Telefon, Radio, Taschenrechner und Fotoapparat in einem. Es verbraucht deutlich weniger Ressourcen als alle vier genannten Geräte alleine für sich.

Grundsatz 2: Kenne das Risiko

Wir alle hätten gerne eine Geldanlage mit hoher Rendite. Doch Rendite ist nur die eine Seite der Medaille. Die andere ist Risiko in Form von Wertschwankungen. Schwankt eine Anlage im Wert, besteht das Risiko zwischenzeitlicher Verluste. Umgekehrt bedeuten Schwankungen aber auch die Chance auf Gewinne. Rendite ist der Lohn für das Aushalten dieser Unsicherheit.

Aktien gelten als riskante Anlage. Ein Unternehmen kann sich gut oder schlecht entwickeln. Es kann längere Durststrecken geben. Gewinne sind nicht garantiert. Ja, das Unternehmen kann sogar bankrottgehen. Mit dieser Unsicherheit schwankt der Wert bzw. Aktienkurs eines Unternehmens. Wer in Aktien investiert, trägt daher ein hohes Risiko – und wird mit einer entsprechenden Rendite entlohnt.

Anleihen gelten als sicherer als Aktien und schwanken deutlich weniger. Sie garantieren feste Zinszahlungen zu einem festgelegten Zinssatz. Wer in Staatsanleihen bonitätsstarker Länder wie Deutschland oder USA investiert, geht nur ein geringes Risiko ein. Sparbücher und ähnliche Anlagen gelten als risikolos. Das Geld behält dort seinen (Nominal-)Wert und schwankt nicht. Dafür gibt es auch nur wenig Rendite in Form von Zinsen.

Es gilt: Je höher das Risiko einer Anlageklasse ist, desto größer ist die Rendite. Aufgrund dieser Chance erweisen sich Aktien langfristig betrachtet als Anlageklasse mit hohen Renditen.

Rendite ist die Entschädigung für das Eingehen von Risiko. Je höher das Risiko, desto höher die Rendite.

Am Aktienmarkt gibt es gute und schlechte Risiken. Ein gutes Risiko ist ein Risiko, das Anleger mit einer höheren Rendite belohnt. Bei einem schlechten Risiko gehen Anleger zwar ein Risiko ein, sie erhalten aber keine Entschädigung in Form einer höheren Rendite. Entscheidend ist daher, nur die guten Risiken einzugehen. Die schlechten Risiken sollten Anleger meiden oder beseitigen.

Das gute Risiko: Gesamtmarktrisiko

Unter dem Gesamtmarktrisiko sind die allgemeinen Schwankungen des Aktienmarktes als Ganzes zu verstehen. D. h. das Risiko, dass ein großer Teil der Aktien zur gleichen Zeit fällt. Die Schwankungen gehen hier auf Risikofaktoren zurück, die alle Aktien betreffen, z. B. eine geänderte Zinspolitik der Zentralbanken, eine große Rezession oder eine weltweite Finanzkrise. Ein Beispiel für ein globales Marktrisiko war zuletzt die Coronapandemie. Sie traf nahezu die gesamte Weltwirtschaft und ließ den weltweiten Aktienmarkt im Frühjahr 2020 stark fallen.

Die Entwicklung des Aktienmarktes ist unstet. Mal geht es 5 % nach oben, mal 3 % nach unten; mal sind es +25 % und mal -10 %. Weil Aktien stärker schwanken als risikolose Anlagen, werden Aktienanleger mit einer höheren Rendite entschädigt.

Das Marktrisiko am Aktienmarkt ist also ein gutes Risiko, das Anleger eingehen sollten.

Das schlechte Risiko: Unternehmensspezifisches Risiko

Neben dem allgemeinen Marktrisiko steckt in jeder Aktie auch ein unternehmensspezifisches Risiko. Beim unternehmensspezifischen Risiko, auch Einzelwertrisiko genannt, liegt das Risiko im Unternehmen selbst. D. h., die Wertschwankung eines Unternehmens geht auf Risikofaktoren zurück, die nur dieses einzelne Unternehmen betreffen. Der Gesamtmarkt bleibt davon unberührt.

Unternehmensspezifische Risiken sind z. B. schlechtes Management, steigende Produktionskosten oder verändertes Konsumverhalten.

Als erweitertes Einzelwertrisiko sind auch das Branchenrisiko und das länderspezifische Risiko zu sehen. Denn auch hier ist nicht der ganze Markt betroffen, sondern nur Unternehmen einer bestimmten Branche oder eines bestimmten Landes. So stellen z. B. verschärfte CO_2-Emmissionsgrenzwerte ein Branchenrisiko für die traditionelle Automobilindustrie dar und setzen deren Aktienkurse unter Druck. Den IT-Sektor lässt dies hingegen relativ kalt.

Wenn Anleger unternehmensspezifische Risiken eingehen, dann steigen dadurch nicht notwendigerweise ihre Renditechancen. Wir erinnern uns an den Fall des Zahlungsdienstleisters „Wirecard". Das Unternehmen fälschte seine Bilanzen und ging am Ende pleite. Für dieses Risiko wurden Wirecard-Anleger aber nicht mit einer höheren Rendite belohnt. Ganz im Gegenteil. Sie verloren ihr investiertes Geld.

Unternehmensspezifische Risiken sind also schlechte Risiken. Anleger sollten sie meiden.

Grundsatz 3: Minimiere das Risiko

Risiken sind kein Grund, Aktien an sich zu meiden. Denn es gibt verschiedene Möglichkeiten zur Risikominimierung.

Risikominimierung durch Diversifikation

Diversifikation (oder Risikostreuung) können wir mit dem Sprichwort übersetzen: „Nicht alle Eier in einen Korb legen." In der Geldanlage meint Diversifikation die Aufteilung des Kapitals auf mehrere Anlagen. Ziel ist, das Verlustrisiko zu reduzieren.

Übertragen auf Aktien bedeutet dies, sein Geld nicht nur in eine einzige, sondern in möglichst viele Aktien zu investieren. Der Gedanke dahinter ist relativ einfach. Wenn ein Anleger nur in die Aktie eines einzigen Unternehmens investiert, ist seine Anlage vollständig von der Entwicklung dieses Unternehmens abhängig. Geht das Unternehmen pleite, fällt dessen Aktie auf null. Der Anleger erleidet einen Totalverlust. Wer hingegen in mehrere Unternehmen investiert, kann Verluste bei einem Unternehmen durch Gewinne von anderen ausgleichen. Das Risiko eines Verlusts im Portfolio sinkt. Technisch formuliert: Der Wert eines diversifizierten Portfolios schwankt weniger.

Es gilt: Mit steigender Anzahl unterschiedlicher Aktien im Portfolio sinkt das Verlustrisiko.

Niemand kann jedoch vorhersagen, welche Aktien Verluste anderer Aktien am besten ausgleichen. Daher sollten Anleger in möglichst viele verschiedene Aktien investieren. Anleger sind maximal diversifiziert, wenn sie sich den globalen Aktienmarkt ins Portfolio holen. Die Pleite einzelner Aktien im Portfolio ist bedeutungslos. Denn diese Anleger haben ja noch viele andere Aktien im Portfolio, die den Verlust einer Aktie ausgleichen.

Übrig bleibt nur noch das theoretische Restrisiko, dass die *gesamte* Weltwirtschaft *gleichzeitig* zusammenbricht und damit weltweit alle Aktien auf null fallen.[7] In diesem Fall wären übrigens auch Ersparnisse und Vorsorge futsch, da Staaten, Banken und Lebensversicherer ebenfalls pleite wären. Das Risikoszenario eines Totalausfalls der Weltwirtschaft ist jedoch – wie gesagt – nur theoretischer Natur. Denn praktisch hat die globale Wirtschaft bislang noch jede Krise überstanden, hat sich an die neue Situation angepasst und ist danach weitergewachsen – und mit ihr der globale Aktienmarkt.

Deshalb gilt: Wer maximal diversifiziert, der reduziert sein Risiko eines Totalverlusts auf quasi null.

Aktienanleger haben verschiedene Möglichkeiten der Diversifizierung. Möglich ist die Aufteilung des Geldes auf Aktien unterschiedlicher Unternehmen, unterschiedlicher Branchen sowie unterschiedlicher Länder und Regionen. Anleger können ihr Geld auch über mehrere Anlageklassen, z. B. Aktien und Anleihen, hinweg verteilen.

Diversifizierung senkt das Risiko. Die folgende Tabelle 3 zeigt, dass Anleger mit einem breit diversifizierten Aktienportfolio geringere Verluste erleiden. Auf Rendite müssen sie dabei nicht verzichten. Das ist der große Vorteil von Diversifikation. Die Börse nennt das „free lunch“: Risikominimierung, die nichts kostet.

Breit diversifizierte Aktienportfolios erleiden geringere Verluste – Vergleich von Rendite und Risiko am Beispiel jüngerer Krisen

	MSCI World	**MSCI Europe**	**MSCI Germany**
Inhalt	ca. 1.600 Aktien, 23 Länder	ca. 400 Aktien, 15 Länder	ca. 60 Aktien, 1 Land
Diversifikation	hoch	mittel	gering
Dotcom-Krise (2000–2003)	-53,8 %	-52,6 %	-67,9 %
Finanzkrise (2007–2009)	-48,5 %	-53,7 %	-54,6 %
Eurokrise (2011)	-14,3 %	-18,7 %	-26,7 %
Coronakrise (2020)	-19,7 %	-22,9 %	25,3 %
Energiekrise + Inflation (2022)	-13,3 %	-16,9 %	-27,0 %
Rendite p.a. (1999–2023)	6,8 %	5,1 %	4,8 %

Tabelle 3 • Datenquelle: MSCI • Zeitraum 1999–2023 (25 Jahre; Beginn mit Euro-Einführung am 01.01.1999) • eigene Verlustberechnung auf Monatskursbasis • MSCI World, Europe und Germany sind hier Bruttoindizes • Rendite: nominal • in Euro

Grundsätzlich gilt: Je breiter Sie Ihr Kapital streuen, desto geringer ist Ihr Risiko.

Steckt übrigens Ihr ganzes Geld in einem Eigenheim, ist das so, als ob Sie Ihr gesamtes Kapital in eine einzige Aktie investieren. Ihr Risiko ist in einem einzigen Invest konzentriert. Ihre Diversifikation ist null!

Risikominimierung durch langfristigen Anlagehorizont

Ein weiterer wichtiger Aspekt bei der Risikominimierung ist der Anlagehorizont. Wer langfristig an der Börse investiert, erlebt im Lauf der Zeit ziemlich sicher Börsencrashs, Rezessionen und Finanzkrisen, ebenso aber auch Boomphasen. Aktienmärkte neigen zu Übertreibungen, sowohl nach oben als auch nach unten.

Das führt zu erheblichen Kursschwankungen. Allerdings tendieren die Märkte dazu, diese Übertreibungen im Laufe der Zeit wieder zu korrigieren und auf ihren durchschnittlichen Wachstumspfad zurückzukehren. Dieses Phänomen heißt „Rückkehr zum Mittelwert". Und dieser Mittelwert ist die historische Aktienmarktrendite von durchschnittlich 7 bis 9 % pro Jahr in den letzten Jahrzehnten.

Mit zunehmender Anlagedauer sinkt daher das Risiko, dass Anleger einen Verlust erleiden. Gleichzeitig steigt die Wahrscheinlichkeit, einen Gewinn zu erwirtschaften. Wir können hier von zeitlicher Risikominimierung sprechen.

Mein Ratschlag: Profitieren Sie von der Rückkehr zum Mittelwert. Halten Sie Ihre Aktien lange genug und lassen Sie Schwankungen am Aktienmarkt einfach an sich vorbeiziehen. Auf diese Weise erwirtschaften Sie auf lange Sicht immer den langfristigen Mittelwert, also die durchschnittliche Aktienmarktrendite – und diese ist ja langfristig positiv.

Aber wie lange ist „lange genug", um keinen Verlust zu machen?

Abbildung 2 auf der nächsten Seite zeigt die Spannweite der Aktienrenditen abhängig vom Anlagezeitraum: Wer zwischen 1970 und 2022 zu einem beliebigen Zeitpunkt für ein Jahr in den MSCI World investierte, machte im besten Fall einen Gewinn von 42,7 %. Im schlechtesten Fall einen Verlust von 40,3 %. Wer hingegen für mindestens 15 Jahre in den MSCI World investiert hatte, erzielte immer einen Gewinn. Ganz egal, ob jemand 1970, 1985 oder 2000 eingestiegen ist. Die Spannweite der Rendite reichte dabei von 3,6 % pro Jahr im schlechtesten bis 18,5 % pro Jahr im besten 15-Jahres-Zeitraum. Je länger Anleger im MSCI World investiert waren, desto mehr reduzierte sich die Spannweite zwischen der schlechtesten und besten Rendite und näherte sich der durchschnittlichen Rendite von rund 9 bis 10 % pro Jahr an.

Kurzfristige Schwankungen sind vor diesem Hintergrund egal. Die Unsicherheit besteht nicht mehr darin, ob Anleger einen Verlust erleiden. Sondern sie beschränkt sich darauf, ob ihre langfristige Rendite eher bei 7, 8, 9 oder 10 % pro Jahr liegt. Für den langfristigen Anlageerfolg zählt also nicht die Vermeidung kurzfristiger Schwankungen. Denn diese können Anleger einfach aussitzen. Für den langfristigen Anlageerfolg zählt ein entsprechend langer Anlagehorizont. Denn dadurch erzielen Anleger langfristig die durchschnittliche Marktrendite und damit immer einen Gewinn.

Wer möglichst breit und ausreichend lange investiert, senkt sein Verlustrisiko auf praktisch null. Null!

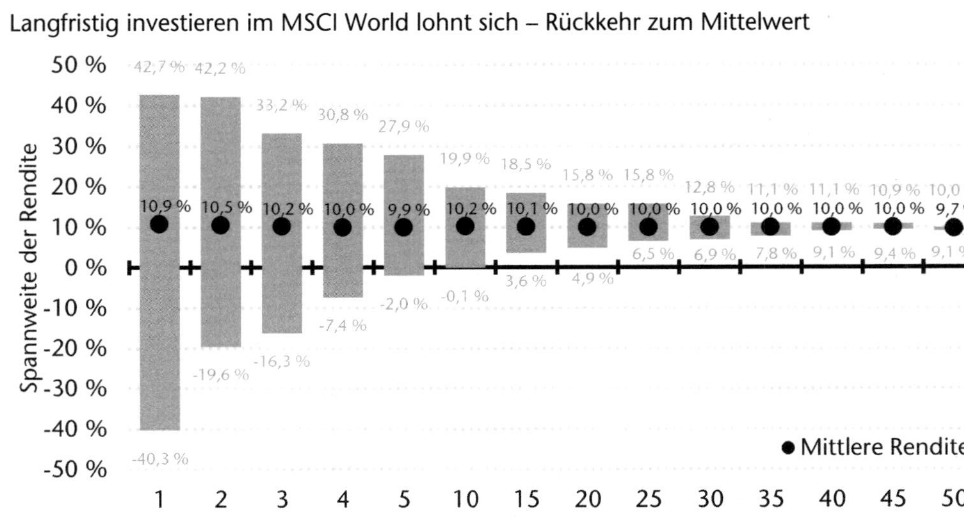

Abbildung 2 • Datenquelle: MSCI • Zeitraum: 1970–2022 (53 Jahre) • eigene Berechnung • MSCI World Bruttoindex • in US-Dollar

Grundsatz 4: Nutze den Zinseszinseffekt

Das Sprichwort „Zeit ist Geld“ gilt auch beim Investieren. Das hängt insbesondere mit dem Zinseszinseffekt zusammen. Was verbirgt sich dahinter?

Was ist der Zinseszinseffekt?

Beim einfachen Zins wird nur das Anfangskapital verzinst. Es wächst konstant immer um den gleichen Zinsertrag. Der Zinseszinseffekt tritt ein, wenn die Zinserträge wieder angelegt, also zum Anfangskapital hinzugerechnet, und in der Folgezeit mitverzinst werden. Es gibt Zinsen auf die Zinsen, Zinseszinsen eben. Im Zeitverlauf entstehen durch den Zinseszinseffekt immer höhere Zinserträge. Das Vermögen wächst exponentiell.

Rechenbeispiel: Sie legen einmalig 10.000 Euro zu einem Zinssatz von 5 % über 30 Jahre an – mit dem Unterschied, dass Ihr Geld einmal nur einfach verzinst wird und einmal die Zinserträge mitverzinst werden. Wie viel Zinsen erwirtschaften Sie? Das Ergebnis sehen Sie in Abbildung 3: Im ersten Fall bekommen Sie 15.000 Euro Zinsen, im zweiten Fall 33.219 Euro. Die Zinsdifferenz von 18.219 Euro ist der zusätzliche Ertrag durch den Zinseszinseffekt.

Der Zinseszinseffekt lohnt sich – Es werden 10.000 Euro zu 5 % Zinsen über 30 Jahre angelegt

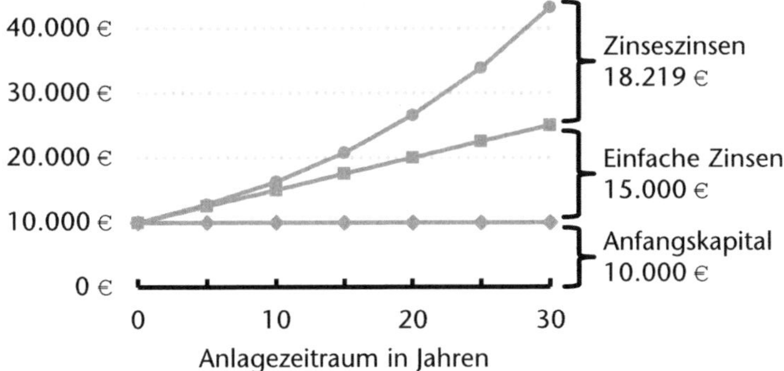

Abbildung 3

Das Prinzip des Zinseszinseffektes gilt für alle Geldanlagen, bei denen Erträge neue Erträge erwirtschaften. Es gilt also auch für Erträge am Aktienmarkt. Der Zinseszinseffekt ist daher ein wichtiger Baustein bei der Geldanlage. Selbst kleine Beträge können auf lange Sicht dank des Zinseszinses auf eine große Summe anwachsen. Es gilt: Zeit ist sprichwörtlich Geld.

Die Stellschrauben beim Zinseszinseffekt

Anleger können an drei Stellschrauben drehen, um den Zinseszinseffekt für sich am effektivsten auszunutzen. Diese sind:

1. die Höhe des investierten Kapitals,
2. der Anlagezeitraum und
3. der Zinssatz bzw. die Rendite.

Investieren Sie möglichst viel Kapital möglichst lange zu einem möglichst hohen Zinssatz. Dann profitieren Sie vom Zinseszinseffekt am stärksten.

Am einfachsten und sichersten können Anleger an der Stellschraube „Zeit" drehen. Je früher sie mit der Geldanlage beginnen bzw. je länger sie investiert sind, desto stärker entfaltet der Zinseszins seine Wirkung. Deshalb ist es auch unglaublich wichtig, seine Anlage nicht zu unterbrechen. Denn Zinsen, die ein Anleger heute nicht bekommt, können morgen auch keine Zinseszinsen erwirtschaften.

Der Zinseszinseffekt hängt auch ganz entscheidend von der Höhe der Zinsen bzw. der Rendite ab. Bei geringer Verzinsung wirkt der Zinseszinseffekt kaum. Bei höheren Zinssätzen hingegen wächst das Vermögen umso schneller. Durch die Auswahl der richtigen Anlageprodukte können Anleger an der Stellschraube „Zinssatz" drehen.

Die Stellschrauben beim Zinseszinseffekt lassen sich am besten an folgendem **Rechenbeispiel** verstehen:

Sie legen einmalig 10.000 Euro an – mit dem Unterschied, dass Sie unterschiedlich lange sparen und unterschiedlich verzinste Anlageprodukte nutzen. Ihr Anlagezeitraum beträgt zwischen 10 und 30 Jahren. Einmal legen Sie das Geld auf ein Sparkonto mit 1 % Zins, einmal auf ein Sparkonto mit 3,5 % Zinsen. Und einmal investieren Sie in ein globales

Aktienportfolio mit 7 % Rendite pro Jahr. Das entspricht ungefähr der durchschnittlichen Rendite des globalen Aktienmarkts der letzten Jahrzehnte.

Abbildung 4 zeigt das Ergebnis: Je länger Sie sparen und je höher die Rendite ist, desto größer wird das Endkapital. Das Aktieninvestment hat sich nach 30 Jahren fast verachtfacht. Auf dem niedrig verzinsten Sparkonto ist das eingesetzte Geld nicht mal um die Hälfte gewachsen. Auf dem höher verzinsten Sparkonto hat sich der Einsatz immerhin fast verdreifacht.

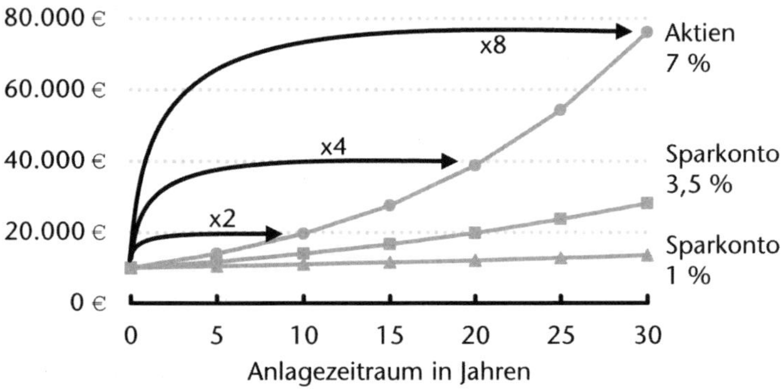

Abbildung 4

Der Zinseszinseffekt ermöglicht nicht nur, den Ertrag zu maximieren, sondern auch, den Einsatz zu minimieren. Das verdeutlicht folgendes **Rechenbeispiel**:

Sie wollen bis zu Ihrem 65. Geburtstag – also ungefähr zur Rente – 250.000 € ansparen. Die Rendite beträgt 7 % pro Jahr. Wie hoch ist die monatliche Sparrate? Die Antwort liefert Tabelle 4. Beginnen Sie zur Geburt, beträgt die Sparrate gerade einmal 18 Euro. Beginnen Sie später, beträgt die Rate bereits ein Vielfaches. Je früher Sie mit dem Sparen beginnen und den Zinseszins wirken lassen, desto kleiner ist Ihre monatliche Sparrate und die eingezahlte Sparsumme. Daher gilt ebenso: Zeit spart Geld.

Ein früher Sparbeginn lohnt sich – Sparziel: ca. 250.000 € mit 65 Jahren bei 7 % p.a.

Sparbeginn	Monatl. Sparrate	Einzahlung	Zinsertrag
Geburt	18 €	13.560 €	236.300 €
Volljährigkeit	61 €	34.387 €	215.620 €
30. Geburtstag	145 €	60.984 €	189.013 €
40. Geburtstag	317 €	95.205 €	154.792 €
50. Geburtstag	799 €	143.779 €	106.222 €

Tabelle 4

Mein Ratschlag: Eines der größten Geschenke, das Eltern ihren Kindern machen können, ist ein Aktieninvestment zur Geburt. Die Eltern legen das Geld an. Später lässt das Kind als Erwachsener das Investment einfach weiterlaufen und sammelt über viele Jahre und Jahrzehnte ganz ruhig die immer schneller wachsenden Zinseszinserträge ein.

Warum die Reichen immer reicher werden

Der globale Aktienmarkt ist historisch gesehen im Durchschnitt 7 bis 9 % im Jahr gewachsen. Bei einer Rendite des globalen Aktienmarktes von 7 % pro Jahr verdoppelt sich das Investment dank des Zinseszinseffektes ungefähr alle 10 Jahre. In schwächeren Börsenphasen kann es länger, in besseren kürzer dauern. Die Frage ist nicht, *ob* sich das Investment verdoppelt, sondern *wann*.

Lang investiert zu sein lohnt sich daher. Eine Verdopplung alle 10 Jahre bedeutet nach 20 Jahren eine Vervierfachung des ursprünglichen Investments, nach 30 Jahren eine Verachtfachung, nach 40 Jahren eine Versechzehnfachung und so weiter ...

Vergegenwärtigen Sie sich das bitte noch mal: Mit 1 % verzinstes Geld auf dem Sparkonto hat sich erst nach rund 70 Jahren verdoppelt. Geld zu 7 % jährlicher Rendite am Aktienmarkt angelegt hat sich nach 70 Jahren mehr als verhundertfacht.

Und genau deshalb werden die Reichen immer reicher. Während ein Großteil der Bevölkerung sein Geld in niedrig verzinste Sparprodukte anlegt, investieren Reiche in die renditestärkste Anlageklasse Aktien. So verdoppeln sie bei durchschnittlich 7 % Rendite alle 10 Jahre ihr Vermögen.

Aber auch Sie können das. Und sogar ganz einfach. Indem Sie nämlich z. B. in Aktien-ETFs investieren und wie die Reichen ebenfalls vom Wachstum des globalen Aktienmarktes profitieren.

Beim Zinseszinseffekt gilt: Je länger der Anlagezeitraum ist, desto schneller wächst das angelegte Geld. Zeit ist sprichwörtlich Geld.

Die 72er-Formel

Die 72er-Formel ist eine einfache Faustformel aus der Mathematik. Mit ihr können Sie die Dauer bis zur Verdoppelung Ihres Kapitals ausrechnen. Teilen Sie dazu die Zahl 72 durch den Zinssatz (oder die erwartete Rendite) Ihrer Geldanlage. Das Ergebnis ist die Dauer, die es für eine Verdoppelung braucht.

Rechenbeispiel: Bei einem Zinssatz von 5 % dauert es 14,4 Jahre bis zur Verdoppelung.

Mit der 72er-Formel lässt sich umgekehrt auch die Dauer bis zur Halbierung ausrechnen: Teilen Sie die Zahl 72 z. B. durch die aktuelle Inflationsrate. Dann wissen Sie, nach wie vielen Jahren sich Ihre Kaufkraft halbiert hat.

$$\frac{72}{\text{Zinssatz}} = \text{Zeit bis zur Verdoppelung}$$

$$\frac{72}{\text{Inflation}} = \text{Zeit bis zur Halbierung}$$

Grundsatz 5: Investiere passiv

Aktien sind die renditestärkste Anlageklasse. Die beste Form, in Aktien zu investieren, sind Aktien-ETFs. ETFs sind eine Untervariante der Fonds. Die andere Untervariante sind die herkömmlichen aktiv gemanagten Investmentfonds.

Ein **Fonds** ist ganz allgemein ein großer Anlagetopf, in den viele Anleger gemeinsam ihr Geld einzahlen. Im Gegenzug erhalten die Anleger Anteile am Fonds. Entsprechend der zuvor festgelegten Anlagestrategie investiert dann der Fonds das Geld. Neben Aktienfonds gibt es auch Anleihe-, Immobilien-, Rohstoff- und Mischfonds.

ETFs vs. aktiv gemanagte Fonds

ETFs

ETF ist die Abkürzung für „Exchange-Traded Fund". Das heißt übersetzt: börsengehandelter Fonds. Gemeint sind hier börsengehandelte Indexfonds. Ein ETF bildet die Wertentwicklung eines ihm zugrunde liegenden Index nach (auch „Indexing" genannt). In den meisten Fällen handelt es sich um einen Aktienindex. Das kann z. B. der deutsche Aktienindex DAX oder der globale Aktienindex MSCI World sein. Neben Aktienindizes gibt es auch Anleihe- oder Rohstoffindizes.

Ein Aktienindex ist im Grunde nichts anderes als ein Korb von Aktien. Der Index zeigt an, wie viel die in ihm enthaltenen Aktien zusammen wert sind. Jeder Index bildet dabei einen bestimmten Aktienmarkt ab. Das kann der Aktienmarkt einer Region, Branche oder eines anderen Börsensegments sein.

Der DAX setzt sich aus den 40 größten Aktienunternehmen an der Frankfurter Börse zusammen. Er repräsentiert den deutschen Aktienmarkt. Der MSCI World beinhaltet rund 1.600 große Aktienunternehmen aus 23 Industrieländern. Er steht für den globalen Aktienmarkt.

Ziel eines ETF ist, die nahezu gleiche Rendite wie der Index zu erwirtschaften. Im einfachsten Fall kauft der ETF dazu genau die Aktien in derselben Gewichtung, wie sie im Index enthalten sind. Ändert sich die Zusammensetzung des Index, vollzieht der ETF diese Änderung nach. Steigt der Index im Wert, steigt auch der Wert des ETF.

Wer in einen ETF investiert, erzielt also immer genau die Rendite des Marktes, den der Index abbildet, d. h. die durchschnittliche Marktrendite, die die Masse der Investoren in diesem Markt gemeinsam erwirtschaftet – nicht mehr, aber auch nicht weniger.

Aktiv gemanagte Investmentfonds

Bei aktiv gemanagten Investmentfonds will der Fondsmanager durch gezielte Anlageentscheidungen eine höhere Rendite als die durchschnittliche Marktrendite erwirtschaften. Er will „den Markt schlagen“ und besser als die Masse der

Investoren abschneiden. Als Vergleichsmaßstab für den Erfolg dient meist ein passender Index.

Der Fondsmanager versucht, besonders aussichtsreiche Aktien zu kaufen und mögliche Verliereraktien zu meiden (Stock-Picking). Und er versucht, günstige Kauf- und Verkaufszeitpunkte abzupassen (Market-Timing). Oder er verbindet beides miteinander.

Diese Investmentstrategie wird daher als „aktives Investieren" bezeichnet. Sprich: Aktive Fondsmanager suchen die Gewinneraktien von morgen. Sie sehen ihre Rendite als Belohnung für schlaue – eigentlich: riskante – Anlageentscheidungen.

Warum aktives Investieren sich nicht lohnt

Zahlreiche Studien belegen: Aktives Investieren funktioniert nicht.[8] Das gilt sowohl für aktive Fondsmanager als auch für den privaten Kleinanleger, der selbst aktiv investiert. Eine deutliche Mehrheit aller aktiven Investoren erzielt schlechtere Renditen als der Markt, den sie schlagen wollen.

In der SPIVA-Studie vergleicht S&P Dow Jones Indices, einer der größten Indexanbieter, regelmäßig die Renditen aktiv gemanagter Fonds mit einem passenden Vergleichsindex.

Die Studie zeigt Folgendes auf:

1. Aktiv gemanagte Fonds mit überdurchschnittlichen Renditen sind selten. Über einen 10-Jahres-Zeitraum schlägt

nur ein ganz geringer Prozentsatz von aktiven Fondsmanagern den Markt.

2. Aktiv gemanagte Fonds können zwar in einem Jahr überdurchschnittliche Renditen erzielen. Sie schlagen aber nur selten auch im Folgejahr den Markt. Die Gewinnerfonds von heute sind oft die Verliererfonds von morgen.[9]

Aktives Investieren funktioniert nicht – Anteil aktiv gemanagter Aktienfonds mit globalem Anlageschwerpunkt, die ihren Vergleichsindex …

	1 Jahr	3 Jahre	10 Jahre
… übertreffen	19 %	8 %	2 %
… unterbieten	81 %	92 %	98 %

Tabelle 5 • Datenquelle: S&P Dow Jones Indices • Stand der Daten: 30. Juni 2023 • Vergleichsindex: S&P Global 1200

Aber was sind die Gründe für das schlechte Abschneiden von aktiv gemanagten Fonds gegenüber ETFs? Die Begründung ist relativ simpel: Es sind die Kosten.

Die Gleichung lautet: Alle Anleger bzw. Fonds bilden zusammen den Markt und erwirtschaften gemeinsam die Marktrendite. ETFs bilden den Markt einfach ab und erwirtschaften daher die Marktrendite.

Damit die Gleichung weiterhin aufgeht, muss die Gruppe der aktiv gemanagten Fonds zusammen ebenfalls die Marktrendite erzielen. Das gilt natürlich nur im Durchschnitt. Einige Fonds können eine überdurchschnittliche Rendite erwirtschaften. Ihnen stehen aber unterdurchschnittliche Fonds gegenüber.

Vor Kosten erzielen ETFs und aktiv gemanagte Fonds also die gleiche Rendite, nämlich die Marktrendite. Aktiv gemanagte Fonds haben aber höhere Kosten. Aus diesem Grund schneiden sie *nach* Kosten schlechter ab als ETFs.

Zwei Arten von Kosten schmälern die Rendite aktiv gemanagter Fonds: Zum einen sind die laufenden Gebühren mit oft rund 2 % pro Jahr sehr hoch. Zum anderen kommt meist noch ein einmaliger Ausgabeaufschlag hinzu. Das ist eine Art Kaufgebühr, die beim Erwerb von Fondsanteilen anfällt. Sie kann bis zu 5 % der investierten Summe betragen.

Die Gebühren von ETFs hingegen sind sehr gering. Sie betragen meist nur ein Zehntel, rund 0,2 % pro Jahr. Denn ETFs haben kein teures aktives Fondsmanagement. Stattdessen bildet quasi ein Computer einen Index einfach passiv nach. Das ist sehr kostengünstig. Ausgabeaufschläge fallen in der Regel bei ETFs nicht an.

Den Kostenvorteil von ETFs gegenüber aktiv gemanagten Fonds zeigt das Rechenbeispiel in Tabelle 6.

10.000 € werden für 15 Jahre bei einer erwarteten Rendite von 7 % angelegt. An Kosten fallen an:

	ETF	Aktiver Fonds
Verwaltungsgebühren	0,2 %	2,0 %
Ausgabeaufschlag	0,0 %	5,0 %
Endbetrag vor Kosten	27.590 €	27.590 €
Kosten	- 763 €	- 7.840 €
Endbetrag nach Kosten	= 26.827 €	= 19.750 €
Nettorendite p.a.	6,8 %	4,67 %
Kostenersparnis	7.077 €	
Zusätzliche Rendite p.a.	2,13 %	

Tabelle 6

Die Strategie des passiven Investierens

Aktives Investieren funktioniert also nicht. Wie können Anleger es besser machen? Die bessere Anlagestrategie ist die des „passiven Investierens“[10]. Passives Investieren beruht auf folgenden fünf Prinzipien:

1. **Indexing**: Den Markt durch gezielte aktive Anlageentscheidungen zu schlagen funktioniert nicht. Passive An-

leger folgen einfach einem Index und erwirtschaften die durchschnittliche Rendite des Marktes, den der Index abbildet.

2. **Buy-and-Hold**: Mit dem Indexing verzichten passive Anleger auf kurzfristiges Spekulieren und laufendes Handeln. Stattdessen kaufen und halten sie ihr Investment. Je länger sie ihr Investment halten, desto stärker wirkt zudem der Zinseszinseffekt.
3. **Minimale Kosten**: Gebühren und Handelskosten schmälern die Rendite. Daher setzen passive Anleger ihre Strategie mit kostengünstigen ETFs um.
4. **Maximale Diversifikation**: Breit gestreut zu investieren senkt das Verlustrisiko. Passive Anleger setzen daher auf eine größtmögliche, d. h. auf eine globale Diversifikation.
5. **Langfristiger Anlagehorizont**: Langfristig zu investieren senkt ebenfalls das Verlustrisiko. Buy-and-Hold heißt daher auch, Schwankungen und zwischenzeitliche Verluste auszusitzen. Und so langfristig von der Rückkehr zur durchschnittlichen Marktrendite zu profitieren.

Passiv Investieren heißt: Investieren mit indexbasierten, global diversifizierten und kostengünstigen ETFs auf langfristiger Buy-and-Hold-Basis. Mit dieser Strategie schneiden passive Anleger auf lange Sicht besser als die meisten anderen Privatanleger ab – bei gleichzeitig weniger Stress.

Passives Investieren mit ETFs auf Buy-and-Hold-Basis ist aktivem Investieren überlegen.

Grundprinzipien der passiven und aktiven Anlagestrategie

	Passives Investieren	Aktives Investieren
Methode	Indexing + Buy-and-Hold	Stock-Picking + Market-Timing
Umsetzung	ETFs / Indexfonds	Aktiv gemanagte Investmentfonds
Ziel	Markt abbilden, um Marktrendite zu erzielen	Markt schlagen, um überdurchschnittliche Rendite zu erzielen
Rendite	Entschädigung für Wertschwankungen	Belohnung für Schlauheit
Risiko	Risikominimierung durch Diversifikation und langen Anlagehorizont	Risikokonzentration zwecks Ertragssteigerung
Kosten	Gering	Hoch

Tabelle 7

Zusammenfassung

Die 5 Grundsätze der Geldanlage in ETFs

- Grundsatz 1: Wählen Sie die richtige Anlageklasse. Aktien sind die renditestärkste Anlageklasse und ein wirksamer Inflationsschutz.
- Grundsatz 2: Verstehen Sie den Rendite-Risiko-Zusammenhang. Je höher das Risiko ist, desto höher ist auch die Rendite.
- Grundsatz 3: Managen Sie das Risiko. Breit und lang investieren senkt das Verlustrisiko auf quasi null.
- Grundsatz 4: Nutzen Sie den Zinseszinseffekt. Zeit ist sprichwörtlich Geld.
- Grundsatz 5: Wählen Sie die richtige Anlagestrategie. Passives Investieren schlägt aktives Investieren.

2. PORTFOLIOAUFBAU

In 5 Schritten zum eigenen Portfolio

Die theoretischen Grundlagen sind gelegt. Passives Investieren ist die beste Anlagestrategie. Jetzt geht es um die praktische Umsetzung. In fünf einfachen Schritten bauen Sie Ihr eigenes ETF-Portfolio.

Schritt 1: Einen Anlageplan erstellen

Was haben Sie vor, wofür benötigen Sie Geld – für eine große Urlaubsreise, ein neues Auto oder sogar ein eigenes Haus? Oder wollen Sie für das Alter vorsorgen? Oder einfach Geld beiseitelegen? ETFs sind für viele, aber nicht für alle Vorhaben geeignet. Wichtig ist daher ein guter Anlageplan. Zunächst klären Sie Ihre Ausgangssituation. Sie schauen, was Sie sich überhaupt leisten können. Dann legen Sie Ihre Anlageziele fest. Überlegen Sie, was Sie mit Ihrer Geldanlage eigentlich erreichen wollen. Denn das Ziel Ihrer Geldanlage beeinflusst die Auswahl der geeigneten Anlageprodukte – und entscheidet darüber, ob Sie in Aktien-ETFs investieren sollten.

Klären Sie Ihre Ausgangssituation

Bevor Sie mit dem Investieren bzw. Sparen beginnen, sollten Sie sich einen Überblick über die eigenen Finanzen verschaffen. Sprich: einen „Kassensturz“ machen. Dabei geht es um eine Bestandsaufnahme Ihrer eigenen Vermögenssituation inklusive möglicher Verbindlichkeiten. Daneben sollten Sie Ihre regelmäßigen Einnahmen und Ausgaben gegenüberstellen.

Machen Sie einen „Kassensturz“

Überlegen und notieren Sie:

- Welches Vermögen besitze ich: z. B. Sparkonto, Aktien, Immobilie?
- Welche Schulden habe ich: z. B. Dispokredit, Konsumentenkredit, Autokredit, Immobiliendarlehen?
- Welche regelmäßigen Einkünfte habe ich: z. B. Gehalt, Mieteinnahmen, Kapitaleinkünfte wie Zinsen und Dividenden?
- Welche regelmäßigen Verpflichtungen habe ich: z. B. Miete, Lebenshaltungskosten, Versicherungen, Handy/ Internet, Unterhaltszahlungen, Kreditraten?

Für einen guten Überblick sollten Sie zwei oder drei Monate ein Haushaltsbuch führen. Entsprechende Apps können die Aufstellung erleichtern. Eine überschlagsmäßige Rechnung kann für den Anfang auch helfen.

Das Ergebnis des Kassensturzes zeigt, ob Ihre Einnahmen die Ausgaben übersteigen. Falls ja, steht Ihnen Geld zur Verfügung, das angelegt werden kann. Außerdem sehen Sie, wo Sie ggf. Ausgaben senken können.

Tilgen Sie eventuelle Schulden

Wenn Sie Schulden haben, sollten Sie diese zuerst tilgen. Das ist die beste Geldanlage. Denn in der Regel sind die Kreditzinsen höher als die Sparzinsen bzw. höher als die zu erwartende Rendite anderer Geldanlagen. Das gilt insbesondere bei Dispokrediten, wenn Sie Ihr Konto überziehen. Dieser kann 10 % Zinsen und mehr betragen.

Ein **Rechenbeispiel**: Sie haben Ihr Konto bei einem Zinssatz von 10 % überzogen. Parallel legen Sie Geld zu 3 % Zinsen auf ein Sparkonto (oder zu 7 % Rendite in Aktien) an. Dann zahlen Sie am Ende drauf. Denn hier kosten Sie die Zinsen des Kredites mehr, als Sie mit der gleichen Summe bei der Geldanlage erwirtschaften.

Bevor Sie mit dem Investieren beginnen, prüfen Sie also Ihre Finanzen. Können Sie Kredite ablösen? Können Sie Ihr Konto ausgleichen? Oder können Sie Sondertilgungen vornehmen? Sie sollten nicht in Aktien oder ETFs investieren, während gleichzeitig noch Schulden bestehen. Das ist nur für überdurchschnittlich finanzstarke Anleger eine Option.

Planen Sie einen Notgroschen ein

Auch frei verfügbares Geld sollten Sie nicht sofort in voller Höhe anlegen. Jederzeit muss mit unerwarteten Ausgaben gerechnet werden. Mal gibt die Waschmaschine den Geist auf, mal muss das Auto zur Reparatur in die Werkstatt. Und manchmal müssen Sie sofort handeln und können nicht erst noch eine Geldanlage auflösen. Deshalb sollten Sie eine

Rücklage für Notfälle, einen „Notgroschen", bilden. So vermeiden Sie Kontoüberziehungen und teure Kredite.

Als Notfallrücklage kommen nur sichere und schnell verfügbare Geldanlagen infrage. Das sind Sparkonten wie Tagesgeldkonten oder Festgeldkonten. Aktien hingegen sind nicht geeignet. Diese schwanken zu sehr. Sie sollten aus Geldnot heraus nicht Aktien verkaufen müssen, die gerade in einem Kurstief sind.

Faustregel: Die Höhe der Notfallrücklage sollte zwei bis drei Netto-Monatsgehälter betragen.

Schließen Sie sinnvolle Versicherungen ab

Die beste Geldanlage kann sich im Handumdrehen in Luft auflösen, wenn Sie schlecht oder gar nicht versichert sind. Bestimmte Ereignisse und Lebensrisiken können große finanzielle Auswirkungen haben, falls Sie den Schaden aus eigener Tasche zahlen müssen: Sie verletzen andere Menschen. Sie können für längere Zeit nicht arbeiten. Oder Ihre Wohnung und Ihre Möbel stehen unter Wasser. Dann wird es sehr teuer. Daher sollten Sie sich entsprechend versichern, bevor Sie mit dem Geldanlegen beginnen.

Neben der Krankenversicherung gibt es eine Reihe weiterer wichtiger Versicherungen. Dazu zählen die private Haftpflichtversicherung, eine Berufsunfähigkeitsversicherung und unter Umständen auch eine Hausratsversicherung. Versicherungen, die nur kleinere Schäden abdecken, wie eine Handyversicherung, sind hingegen überflüssig.

Faustregel: Sie können einen möglichen Schaden nicht aus eigener Tasche zahlen? Dann ist der Abschluss einer entsprechenden Versicherung ratsam.

Definieren Sie Ihr Anlageziel

Erst sollten Sie alle Schulden tilgen, eine Notfallreserve aufbauen und sinnvoll versichert sein. Dann können Sie sich Gedanken über Ihre konkreten Anlageziele machen. „Anlageziel“ meint, warum und wofür Sie Ihr Geld eigentlich anlegen möchten. Also welches Ergebnis Sie durch die jeweilige Geldanlage anstreben.

Aus der Beantwortung dieser Frage ergibt sich meist auch der geeignete **Anlagehorizont**. Darunter ist der Zeitraum zu verstehen, wie lange Sie Ihr Geld anlegen möchten bzw. wie lange Sie auf das angelegte Geld verzichten können. Davon hängt ab, wie Sie Ihr Geld am besten anlegen.

Für die allermeisten Anleger reichen drei Anlageprodukte aus. Das sind:

1. ein Tagesgeldkonto,
2. ein Festgeldkonto und
3. kostengünstige Aktien-ETFs.

Für Großsparer können ggf. noch Staatsanleihe-ETFs hinzukommen.

Bei kurzfristigen und mittelfristigen Anlagezeiträumen geht es darum, dass das angelegte Geld zu einem bestimmten Zeitpunkt in voller Höhe zur Verfügung steht, z. B. für den geplanten Urlaub oder als Eigenkapital für den Hauskauf. Infrage kommen hier nur sichere, liquide Geldanlagen wie Tages- und Festgeld. Ungeeignet sind daher Aktien-ETFs. Auf kurze Sicht schwanken die Kurse zu sehr. Müssen Sie zu einem ungünstigen Zeitpunkt verkaufen, kann das erhebliche Verluste bedeuten.

Die häufigsten Gründe für ein langfristiges Investment sind Altersvorsorge und Vermögensbildung. Im Vordergrund steht, einen möglichst hohen Anlagebetrag zu erzielen. Hier braucht es keine Sparverträge mit Kapitalgarantie, sondern eine hohe Langfristrendite. Und diese gibt es nur mit Aktien. Aktien-ETFs können bei langen Anlagezeiträumen ihre Vorteile voll ausspielen.

Grundsätzlich gilt: Je länger der Anlagehorizont ist, desto mehr können Sie in Aktien-ETFs investieren.

Die Wahl des geeigneten Anlagehorizonts

Kurzfristiger Anlagehorizont	Mittelfristiger Anlagehorizont	Langfristiger Anlagehorizont
Bis 5 Jahre	5 bis 10 Jahre	10 Jahre und mehr
Urlaub, Möbel etc.	Autokauf, Hauskauf etc.	Altersvorsorge, Vermögensbildung
Geld muss sicher und verfügbar sein	Geld muss sicher und verfügbar sein	Geld soll sich vermehren
Tages-/Festgeld	Tages-/Festgeld	Aktien-ETFs

Tabelle 8

Schritt 2: Das eigene Risikoprofil bestimmen

Ihr Anlageplan steht. Sie wollen Ihr Geld **langfristig** anlegen. Es soll sich vermehren.

Dann sollten Sie sich die Frage stellen: Wie viel Risiko halte ich aus? Diese Frage zielt darauf ab, wie Sie Ihr Geld am besten aufteilen. Welcher Anteil soll in eher sichere Geldanlagen fließen, die dafür aber nur wenig Rendite abwerfen? Und welcher Anteil soll in langfristig renditestärkere Anlagen fließen, die dafür aber riskanter sind und stärker schwanken?

Teilen Sie Ihr Portfolio in zwei Töpfe

Um das für Sie passende Verhältnis zwischen Sicherheit und Rendite herzustellen, teilen Sie Ihr Portfolio in zwei Töpfe auf: in den Sicherheitstopf und in den Renditetopf. Über die Gewichtung beider Töpfe steuern Sie die Sicherheit und die Rendite.

Der **Sicherheitstopf** reduziert die Schwankungen, d. h. die möglichen Verluste des gesamten Portfolios. Er besteht aus risikolosen Anlagen. Das sind Tages- und Festgeldkonten.

Hinweis für Großsparer: Der Sicherheitstopf sollte nur bis zu einem Betrag in Höhe von 100.000 Euro auf Bankkonten liegen. Diese Summe ist durch die gesetzliche Einlagensicherung geschützt. Bankguthaben sind ökonomisch betrachtet unbesicherte Kredite des Sparers an seine Bank. Geht die Bank pleite, kann das eigene Bankguthaben verloren gehen. Beträge, die über 100.000 Euro hinausgehen und nicht von der Einlagensicherung abgedeckt sind, sollten Sie daher in risikoarme Staatsanleihe-ETFs anlegen; konkret: kurzlaufende Staatsanleihen von Ländern mit höchster Bonität. Die Wahrscheinlichkeit, dass kreditwürdige Länder wie Deutschland oder die USA ihre Anleihen nicht zurückzahlen können, ist wirklich äußerst gering.

Der **Renditetopf** erwirtschaftet die Erträge in Ihrem Portfolio. Er besteht aus Aktien-ETFs als renditestärkster Anlageklasse.

Beide Portfoliotöpfe bilden in Kombination eine Balance aus Ertrag und Sicherheit. In guten Zeiten steigen die Aktien. In schlechten Zeiten dämpfen Geld/Anleihen die Kursstürze ab.

Aufteilung des Portfolios zur Steuerung von Sicherheit und Rendite

	Sicherheitstopf	**Renditetopf**
Anlageklasse	Risikolose Anlagen	Aktien global
Anlageprodukt	Tages-/Festgeld, ggf. Staatsanleihe-ETFs	Aktien-ETFs
Ziel	Schwankungen reduzieren	Erträge erwirtschaften

Tabelle 9

Bestimmen Sie das Verhältnis beider Töpfe

Die konkrete prozentuale Aufteilung des Portfolios zwischen beiden Töpfen richtet sich nach Ihrem individuellen Risikoprofil. Ihr Risikoprofil können Sie mithilfe zweier Fragen bestimmen.

Sie fragen sich: Wie viel Verlust kann ich wirtschaftlich wegstecken? Und wie viel verlustbedingten Stress kann ich emotional aushalten? Mithilfe folgender Faktoren können Sie dabei Ihre Risikotragfähigkeit einschätzen:

- Einkommen – Je sicherer Ihr Job und Gehalt sind, desto mehr Risiko können Sie vertragen.
- Finanzielle Reserven – Je mehr Vermögen Sie besitzen, desto besser sind Sie bei eventuellen Verlusten abgesichert.
- Alter/Anlagedauer – Je jünger Sie sind bzw. je länger Sie Geld anlegen, desto mehr Zeit haben Sie, um zwischenzeitliche Rückschläge auszugleichen.
- Finanzielle Bildung und Erfahrung – Je mehr Sie über Aktien und ETFs wissen, desto eher sind Sie bereit, kontrolliert Risiken einzugehen.

Weitere Faktoren können etwa die familiäre Situation oder die eigene Gesundheit sein.

Kurzum: Je mehr Risiko Sie tragen können, desto mehr können Sie in Aktien-ETFs investieren. Das Risikoprofil ist individuell und unterscheidet sich von Anleger zu Anleger.

Eine Faustformel, welchen Anteil Sie in riskante Anlagen stecken, gibt es daher nicht. Viele Anleger verzichten auf den Sicherheitstopf und investieren 100 % ihrer langfristigen Anlage in den Renditetopf aus Aktien. Denn wir haben ja bereits gelernt: Wenn Sie möglichst breit und ausreichend lange investieren, senken Sie Ihr Verlustrisiko bei Aktien auf praktisch null.

Schritt 3: Den richtigen Index wählen

Nun gilt es, die beiden Töpfe Ihres Portfolios zu befüllen. Für die allermeisten Privatanleger reichen Tages-/Festgeldanlagen im Sicherheitstopf aus. Wir konzentrieren uns daher im Folgenden auf den Renditetopf des Portfolios.

Ziel ist, mit entsprechenden Indizes den globalen Aktienmarkt abzubilden. Damit wollen wir eine größtmögliche Diversifikation erreichen.

Aktienindizes gibt es zu Tausenden. Bekannt sind jedoch nur wenige, z. B. der DAX oder der Dow Jones aus den Börsennachrichten. Fast jeder nationale Aktienmarkt hat einen sogenannten **Leitindex**. Er fasst die Kurse der größten an der jeweiligen Börse notierten Aktien zusammen. Leitindex der Deutschen Börse in Frankfurt ist der DAX – der Deutsche Aktienindex. Er misst die Wertentwicklung der 40 größten an der Frankfurter Börse notierten Unternehmen des deutschen Aktienmarktes.

Neben diesen populären Leitindizes haben sich in der Praxis ganze **Indexfamilien** spezieller Indexanbieter etabliert. Diese Indexfamilien bilden in der Regel ein logisches Baukastensystem. Mit dessen Hilfe können Anleger ihr Portfolio genau nach ihren Vorstellungen zusammenbauen. Zugleich sind Indexfamilien meist breiter und damit auch besser diversifiziert.

Zu den bekanntesten Indexfamilien-Anbietern zählt MSCI. Das ist die Abkürzung für „Morgan Stanley Capital

International“, ein US-amerikanischer Finanzdienstleister. Die große Mehrheit der bestehenden ETFs bildet einen Index von MSCI nach. Weitere Indexanbieter sind FTSE, STOXX oder S&P.

Jeder Indexanbieter hat sein eigenes Regelwerk zur Konstruktion seiner Indizes. Das Regelwerk bestimmt, welche Aktien bzw. Unternehmen in einen Index aufgenommen und wie diese im Index gewichtet werden.

Die drei wichtigsten Auswahlkriterien sind: (Herkunfts-) Land, Branche und Größe eines Unternehmens. Die Gewichtung der einzelnen Unternehmen im Index erfolgt meist nach der Marktkapitalisierung. Die Marktkapitalisierung ist der aktuelle Börsenwert eines Unternehmens. Dieser errechnet sich aus der Anzahl der ausgegebenen Aktien multipliziert mit dem aktuellen Aktienkurs. Je größer die Marktkapitalisierung des Unternehmens ist, desto größer ist sein Gewicht im Index.

Die Indexwelt von MSCI

MSCI bildet mit seinen Indizes den globalen Aktienmarkt ab. Mutterindex bei MSCI ist der MSCI All Country World (ACWI) IMI Index. Er umfasst den Großteil des globalen Aktienmarktes. Sub-Indizes teilen diesen in kleine Stücke, so z. B. der bekannte MSCI World Index, der rund 1600 große und mittelgroße Unternehmen aus 23 Industrieländern enthält.

Wie konstruiert MSCI seine Indizes?

Kriterium: Land

Zunächst unterscheidet MSCI zwischen Industrie- und Schwellenländern. Der MSCI World Index umfasst ausschließlich Unternehmen aus Industrieländern, der MSCI Emerging Markets Index solche aus Schwellenländern. Der MSCI ACWI umfasst beides.

Die Einstufung eines Landes in einen Index kann sich durchaus ändern. So warf MSCI im März 2022 Russland aus dem MSCI Emerging Markets und stufte es zum „Standalone Market" herab.

Wichtig: Anleger sollten zwecks Risikostreuung immer Industrie- *und* Schwellenländer im Portfolio haben.

Kriterium: Branche

MSCI teilt die Unternehmen in elf unterschiedliche Branchen – auch Sektoren genannt – ein. Marktbreite und branchenneutrale Indizes wie der MSCI World enthalten Unternehmen aller Branchen. Reine Branchenindizes bilden hingegen die Wertentwicklung nur von Unternehmen einer bestimmten Branche ab. Sie beinhalten daher deutlich weniger Titel und sind entsprechend schlechter diversifiziert. Zudem haben einzelne Unternehmen oft ein übergroßes Gewicht im Branchenindex.

Wichtig: Anleger sollten Indizes wählen, die alle Branchen abdecken.

Kriterium: Unternehmensgröße

MSCI unterscheidet Unternehmen nach der Größe ihrer Marktkapitalisierung, also nach ihrem Börsenwert: Es gibt Large Cap (große), Mid Cap (mittelgroße) und Small Cap (kleine und mittelständische) Unternehmen.

Die Standardindizes von MSCI wie der MSCI World enthalten Large-Cap- und Mid-Cap-Unternehmen. Diese machen zusammen 85 % der gesamten Marktkapitalisierung eines Landes aus.

Für Small-Cap-Unternehmen – auch „Nebenwerte" genannt – gibt es meist eigene Indizes, wie den MSCI World Small Cap. Small Caps machen 14 % der Marktkapitalisierung eines Landes aus.

Die verbleibenden 1 % entfallen auf wenig und schwer handelbare Micro Caps. Das sind die Kleinen der Kleinen.

Hinweis: MSCI-Indizes mit dem Zusatzkürzel „IMI" (Investable Market Index) umfassen Large-, Mid- und Small-Cap-Unternehmen auf einmal. Micro Caps sind nicht enthalten.

Wichtig: Anleger sollten stets mindestens Large- und Mid-Cap-Unternehmen im Portfolio haben. Small Caps erhöhen die Diversifizierung, sind aber kein Muss.

Die globalen Indizes von MSCI

Index	**Inhalt**					
	Industrieländer	**Schwellenländer**	**Large Caps**	**Mid Caps**	**Small Caps**	**Alle Branchen**
MSCI ACWI	x	x	x	x		x
MSCI ACWI IMI	x	x	x	x	x	x
MSCI World	x		x	x		x
MSCI World Small Caps	x				x	x
MSCI World IMI	x		x	x	x	x
MSCI Emerging Markets		x	x	x		x
MSCI Emerging Markets Small Caps		x			x	x
MSCI Emerging Markets IMI		x	x	x	x	x

Tabelle 10

Weitere Kriterien: Nachhaltigkeit und Klimaschutz

Neben der Klassifizierung von Unternehmen nach Land, Branche und Größe nutzt MSCI eine Reihe weiterer Auswahlkriterien zur Konstruktion von Indizes. So filtert MSCI Unternehmen z. B. auch nach dem Grad ihrer Nachhaltigkeit.

Nachhaltige Indizes sind an den Namenszusätzen „ESG" oder „SRI" erkennbar. ESG steht für die englischen Begriffe „Environment", „Social" und „Governance".

ESG-Indizes enthalten nur solche Unternehmen, die bestimmte Standards im Bereich Umweltschutz, soziale Verantwortung und gute Unternehmensführung erfüllen. Geschäftsfelder wie fossile Brennstoffe, Waffen oder Tabak sind hier ausgeschlossen (Ausschlussprinzip). ESG-Indizes sind jedoch nicht besonders streng in Sachen Nachhaltigkeit. Denn sie versuchen, mit wenigen Ausschlüssen den Mutterindex noch möglichst exakt nachzubilden.

Deutlich strenger sind SRI-Indizes. SRI steht für „Socially Responsible Investing", also sozial verantwortliches Investieren. SRI-Indizes schließen nicht nur bestimmte Branchen aus, sondern sie nehmen aus den verbleibenden Branchen auch nur die Unternehmen mit dem besten ESG-Rating auf (Best-in-Class-Prinzip).

Daneben gibt es noch spezielle **Klimaindex-Zusätze**, z. B. Ex Fossil Fuel, Low Carbon, Climate Change, Climate Transition Benchmark (CBT) oder Paris Aligned Benchmark (PAB). Die letzten beiden sind von der EU geschaffene Benchmarks mit Mindestkriterien für Klimaindizes.

Einige Indizes kombinieren auch mehrere Nachhaltigkeitskriterien miteinander, so z. B. der MSCI World SRI filtered PAB.

Nachteile

Nachhaltiges Investieren hat jedoch einen Haken. Es ist eine aktive Investmententscheidung für eine spezielle Anlagestrategie mit ausgewählten Unternehmen – nämlich ausschließlich für nachhaltig agierende Unternehmen. Nachhaltiges Investieren weicht also vom passiven Investmentansatz ab. Dadurch steigt die Gefahr, unterdurchschnittliche Renditen zu erzielen. Außerdem gilt: Je strenger die Nachhaltigkeitskriterien sind, desto weniger Unternehmen enthält der Index. Eine geringere Diversifikation erhöht jedoch das Verlustrisiko.

Diversifikation nachhaltiger Indizes

Index	**Unternehmen im Index**
Mutterindex	
MSCI World	1480
mit Nachhaltigkeitsfilter	
MSCI World ESG Screened	1356
MSCI World Climate Paris Aligned	592
MSCI World SRI	399
MSCI World SRI filtered PAB	349

Tabelle 11 • Datenquelle: MSCI • Stand: 29.12.2023

Länderindizes und reine Branchenindizes sowie Faktor- und Themenindizes eignen sich nicht als Basis für ein globales Aktienportfolio. Sie sind zu wenig diversifiziert. Im Grunde sind diese Indizes eine Wette auf einen bestimmten Markt. Damit widersprechen sie dem passiven Investmentansatz. Sie eignen sich allenfalls als individuelle Beimischung. Insbesondere Themen-ETFs sind ein Marketingprodukt der ETF-Anbieter. Meist ist der Hype schon vorbei, wenn der dazugehörige Themen-ETF auf den Markt kommt.

FTSE und der Unterschied zu MSCI

MSCI ist der bekannteste unter den Indexanbietern. Eine wichtige Rolle in der Welt der Indizes spielt ebenso der britische Index- und Finanzdatenanbieter FTSE (Abk. für „Financial Times Stock Exchange).

Im Bereich marktbreiter Standardindizes sind sich die beiden Indexanbieter relativ ähnlich. Das Pendant zum MSCI ACWI ist der FTSE All-World. Das Pendant zum MSCI World ist der FTSE Developed und zum MSCI Emerging Markets der FTSE Emerging.

Der Unterschied zwischen den Indizes liegt im Detail.

- **Einstufung der einzelnen Länder als Industrie- oder Schwellenland**
  Bei FTSE wird z. B. Südkorea als Industrieland eingestuft. Bei MSCI ist es ein Schwellenland. Vorsicht gilt daher beim Mischen von MSCI- und FTSE-Indizes. Wer MSCI

World und FTSE Emerging kombiniert, hätte kein Südkorea im Portfolio.

Zur Vermeidung von Lücken oder Klumpenrisiken sollten Anleger sich für einen der beiden Index-Anbieter entscheiden.

- **Definition der Small Caps**
  Bei FTSE ist die Schwelle zwischen Large/Mid und Small Caps niedriger. Das bedeutet, dass einige Werte trotz geringerer Marktkapitalisierung noch zu den Mid Caps gezählt werden. Large und Mid Caps machen bei FTSE 90 % der Marktkapitalisierung aus, Small Caps rund 10 %. Bei MSCI sind es 85 % und ca. 15 %. Deshalb enthalten FTSE-Indizes meist auch mehr Unternehmen. Sie sind breiter gestreut und somit diversifizierter.

Die globalen Indizes von FTSE

Index	Inhalt
FTSE All-World	Industrie- und Schwellenländer + Large und Mid Caps + alle Branchen
FTSE Developed	Industrieländer + Large und Mid Caps + alle Branchen
FTSE Emerging	Schwellenländer + Large und Mid Caps + alle Branchen

Tabelle 12

Wer in seinem Portfolio die Welt mit nur einem Index bzw. ETF abbilden will, ist mit dem FTSE All-World breiter diversifiziert als mit dem MSCI ACWI. Auf die Performance wirken sich diese Unterschiede kaum aus. Im Vergleich ist die Wertentwicklung des FTSE All-World und des MSCI ACWI fast identisch.

Fünf Beispiele für Basis-Portfolios

Wie kann nun ein Portfolio aussehen? Es gibt natürlich unzählige Portfolio-Möglichkeiten. Doch je komplexer Ihr Portfolio ist und je mehr Sie von wichtigen Grundsätzen des passiven Investierens abweichen, desto größer ist die Gefahr, dass Sie unnötig Risiken eingehen.

Es gilt: Je einfacher, desto besser. Entscheidend ist, ein globales Aktienportfolio zu bauen, d. h., breit gestreut den globalen Aktienmarkt abzubilden.

Im Folgenden sehen Sie fünf Musterportfolios. Alle fünf Portfolios sind ganz einfache, globale Basis-Portfolios. Mit diesen können Sie nichts falsch machen. Die ersten vier Portfolios sind reine Aktienportfolios. Sie bestehen nur aus dem Renditetopf. Das letzte ist eine Kombination aus Aktien und Anleihen. Es besteht zusätzlich auch aus dem Sicherheitstopf.

Basis-Portfolio #1: Die Welt in einem ETF

Abbildung 5

Ein global diversifiziertes Portfolio mit nur einem ETF bzw. basierend nur auf einem Index zu bauen, ist tatsächlich möglich:

Dies gelingt mit dem MSCI All Country World (ACWI) oder dem FTSE All-World.
Beide umfassen Industrie- und Schwellenländer. Sie vereinen damit jeweils alle Vorteile eines breit gestreuten Portfolios in sich. Im direkten Vergleich ist der FTSE All-World etwas besser als der MSCI ACWI. Ersterer Index enthält nämlich mehr Unternehmen. Wer den MSCI World als alleiniges Basisinvestment wählt, sollte wissen, dass dieser nur Industrieländer und keine Schwellenländer enthält.

Basis-Portfolio #2: Der 70/30-Klassiker

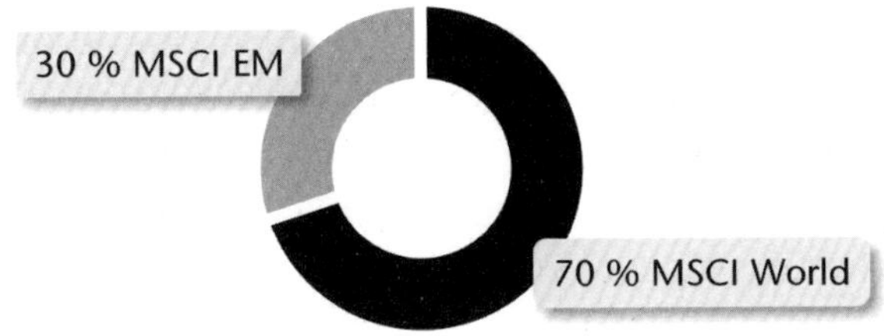

Abbildung 6

Der Klassiker unter den ETF-Portfolios ist das 70/30-Portfolio.

Das 70/30-Portfolio kombiniert einen Industrieländer-ETF mit einem Schwellenländer-ETF.
So wird die ganze Welt abgedeckt. Das schafft zwar auch das Basis-Portfolio #1 mit nur einem ETF, die Aufteilung in zwei ETFs bietet jedoch einen Vorteil: Anleger können so die Schwellenländer entsprechend ihrer tatsächlichen Wirtschaftskraft stärker gewichten.

MSCI – und auch FTSE – gewichtet in seinen Standardindizes Unternehmen nach der Größe ihrer Marktkapitalisierung. Gemessen an der globalen Marktkapitalisierung, also dem Börsenwert, besitzen Schwellenländeraktien nur einen Anteil von 10 %. Denn im Vergleich zu Industrieländern haben Schwellenländer tendenziell kleinere Börsen. Gemessen am Bruttoinlandsprodukt (BIP), also dem Wert aller in einer Volkswirtschaft produzierten Güter, liegt der Anteil der Schwellenländer hingegen bei 40 % der globalen Wirtschaftskraft.

Meist werden die beiden Indizes MSCI World und MSCI Emerging Markets (EM) im Verhältnis 70/30 kombiniert, also 70 % Industrie- und 30 % Schwellenländer. Das ist ein Kompromiss zwischen Marktkapitalisierung und BIP. Alternativ lassen sich auch die Indizes FTSE Developed und FTSE Emerging verwenden.

Das Verhältnis kann jeder Anleger nach seinen eigenen Vorstellungen anpassen. Je höher die Schwellenländer gewichtet werden, desto riskanter ist das Portfolio aufgestellt. Denn Aktien von Schwellenländerunternehmen schwanken häufiger und stärker. Dafür sind die Renditechancen auch höher.

Basis-Portfolio #3: Maximale Diversifikation

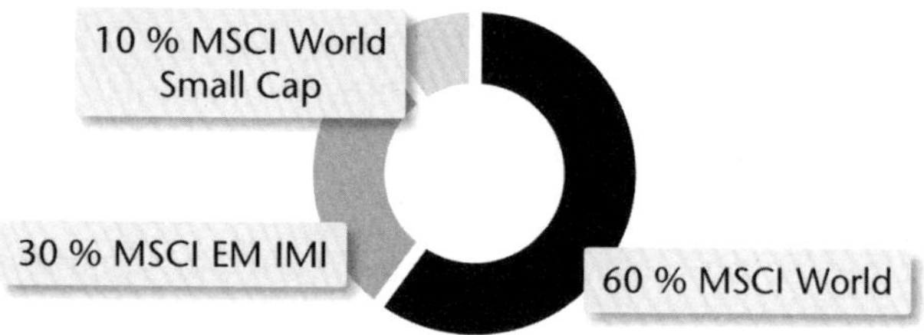

Abbildung 7

Das klassische 70/30-Portfolio aus MSCI World und MSCI Emerging Markets beinhaltet große (Large Cap) und mittelgroße (Mid Cap) börsennotierte Unternehmen. Für größtmögliche Diversifikation im Portfolio können Anleger Small Caps hinzumischen. Small Caps sind Unternehmen mit geringerem Handelsvolumen bzw. einer geringeren Marktkapitalisierung. Small Caps bieten den Vorteil einer größeren Diversifizierung und Risikostreuung des Portfolios. Hierfür bietet sich der MSCI World Small Cap Index an.

Wenn wir den Industrieländeranteil im 70/30-Portfolio um Industrieländer-Small-Caps ergänzen, ergibt sich folgendes Mischungsverhältnis:

60 % MSCI World, 30 % MSCI Emerging Markets (EM) IMI und 10 % MSCI World Small Cap.
Hinweis: Beim MSCI Emerging Markets ist auf das zusätzliche Kürzel „IMI" zu achten. Dieser enthält dann nämlich auch Schwellenländer-Small-Caps. Ein solches Portfolio deckt fast 99 % des frei handelbaren Aktienmarktes ab. Alternativ wäre auch eine Kombination aus 90 % MSCI ACWI und 10 % MSCI World Small Cap denkbar.

Basis-Portfolio #4: Nachhaltig Investieren

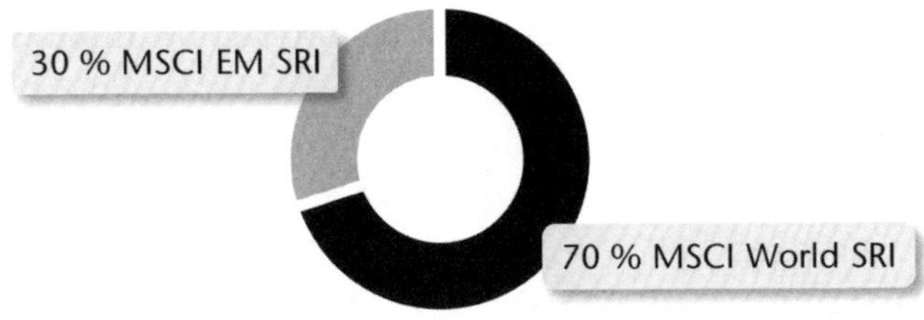

Abbildung 8

Immer mehr Anleger achten auf Nachhaltigkeit bei ihrer Geldanlage. Alle wichtigen Indizes gibt es mittlerweile auch in einer nachhaltigen ESG- oder SRI-Variante. Wie die vorherigen Portfolios sollte auch das nachhaltige Portfolio die ganze Welt abdecken.

Daher sollten Anleger eine Industrie- und Schwellenländer-Kombination z. B. aus 70 % MSCI World SRI und 30 % MSCI Emerging Markets (EM) SRI wählen. Als Ein-ETF- bzw. Ein-Index-Lösung ist auch der MSCI ACWI SRI denkbar.

Nachhaltige ETFs verbinden nachhaltiges Investieren mit der Idee des passiven, breit gestreuten Investierens. Allerdings bleibt es ein Kompromiss: Je strenger die Nachhaltigkeitskriterien des Index sind, desto mehr Unternehmen werden ausgeschlossen. Und desto geringer ist die Diversifikation.

Sie müssen sich daher zwei Fragen stellen:

1. Welche Nachhaltigkeitskriterien will ich? Weichere ESG-Kriterien oder strengere SRI-Kriterien?
2. Wie viel Nachhaltigkeit will ich in meinem Portfolio? Sollen alle meine ETFs im Basis-Portfolio nachhaltig sein?

Denkbar wäre z. B., den Industrieländeranteil im Portfolio in den klassischen, breit gestreuten MSCI World und den nachhaltigen MSCI World SRI zu splitten. Auf diese Weise haben Anleger einmal „Diversifikation“ und einmal „Nachhaltigkeit“ im Portfolio.

Basis-Portfolio #5: Aktien und Staatsanleihen

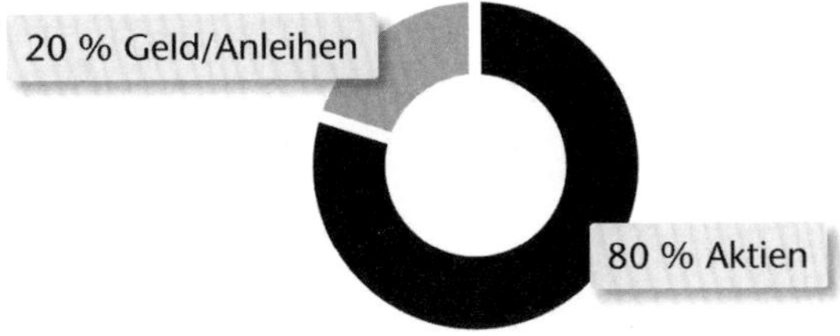

Abbildung 9

Manchen Anlegern ist ein reines Aktienportfolio doch zu riskant. Dann kombinieren sie den risikobehafteten Aktienteil (Renditetopf) mit einen risikoarmen Geld-/Anleiheteil (Sicherheitstopf), der für Sicherheit und Stabilität sorgen soll. Den Aktienteil des Portfolios können Anleger ganz einfach nach dem Muster der Basis-Portfolios #1 bis #4 gestalten. Wichtig ist, den *globalen* Aktienmarkt abzubilden. Z. B. mit dem FTSE All-World wie in #1.

Für Sie als Privatanleger gibt es eine einfache Umsetzung des Geld-/Anleiheteils: Bis zu 100.000 Euro legen Sie in Tages- oder Festgeld an. Dieser Betrag ist in Deutschland von der staatlichen Einlagensicherung gedeckt. Erst jeden darüber hinausgehenden Euro investieren Sie in Staatsanleihen.

Natürlich können Sie auch gleich vom ersten Euro an alles in Staatsanleihen anlegen. In beiden Fällen sollten Sie hier einen Staatsanleiheindex wählen, der nur Staatsanleihen

- mit kurzer, d. h. ein- bis dreijähriger Restlaufzeit,
- mit höchster Bonität, also einer AAA- oder AA-Bewertung,
- in der Heimatwährung des Anlegers, hier Euro, und
- verschiedener Staaten zwecks Diversifikation

enthält.

Es gilt: Je kürzer die Laufzeit und je besser die Bonität ist, desto geringer ist das Ausfallrisiko einer Anleihe, d. h., desto sicherer ist sie. Und genau dazu dient ja der Geld-/Anleiheteil des Portfolios, also der Sicherheitstopf – er soll für Sicherheit und Stabilität sorgen.

Ein hochwertiger Staatsanleiheindex ist der FTSE Eurozone Highest Rated Macro-Weighted Government Bond 1-3Y. Er umfasst Staatsanleihen von Mitgliedsstaaten der Eurozone mit ein- bis dreijähriger Laufzeit und AAA-Bewertung. Das Besondere: Der FTSE-Anleiheindex gewichtet die Länder nach der Größe ihrer Wirtschaftskraft und nicht nach dem Volumen der ausgegebenen Anleihen. Dadurch sind wirtschaftsstärkere Länder stärker und verschuldete Länder schwächer gewichtet.

Alternative Staatsanleiheindizes sind der Bloomberg Euro Government Bond 1-3yr und der Markit iBoxx EUR Eurozone 1-3yr.

Die prozentuale Aufteilung zwischen Rendite und Sicherheit muss jeder Anleger entsprechend seiner eigenen Risikoneigung festlegen. Häufig wird eine 80/20-Aufteilung gewählt, also 80 % Aktien und 20 % Geld/Staatsanleihen.[11]

Sicherheitsorientierte Anleger können eine höhere Geld-/ Anleihequote wählen. Renditeorientierte Anleger entscheiden sich für eine höhere Aktienquote. Der Investor Warren Buffett empfiehlt Privatanlegern, 90 % ihres Vermögens in Aktien und 10 % in kurzlaufende Staatsanleihen zu investieren.[12] Doch trauen Sie sich ruhig eine Aktienquote von 100 % zu. Denn erinnern Sie sich zurück: Wenn Sie möglichst breit und ausreichend lange investieren, dann ist das Risiko eines Totalausfalls gleich null. Zwischenzeitliche Schwankungen sitzen Sie einfach aus.

Schritt 4: Den passenden ETF finden

Im vorangegangenen Schritt haben Sie mit den richtigen Indizes Ihr globales Aktienportfolio gebaut. Jetzt geht es darum, das Portfolio mithilfe von ETFs umzusetzen. Wählen Sie die passenden ETFs, die die Indizes nachbilden.

Hierbei gibt es viele verschiedene Anbieter von ETFs. Der weltgrößte ETF-Anbieter ist **iShares**, eine Marke des US-Vermögensverwalters BlackRock. Führender ETF-Anbieter in Europa neben iShares ist **Xtrackers**, eine Marke der DWS, die zur Deutschen Bank gehört. Durch seine niedrige Kostenstruktur besticht der ETF-Anbieter **Vanguard**, gegründet vom Erfinder der Indexanlage, John Bogle.

Die wichtigsten ETF-Anbieter

Amundi	Einer der weltweit größten Vermögensverwalter mit Hauptsitz in Frankreich
HSBC	Internationaler Vermögensverwalter, gehört zur in London ansässigen Großbank HSBC
Invesco	Einer der weltweit größten Vermögensverwalter mit Sitz in den USA
iShares	ETF-Marke des weltgrößten Vermögensverwalters BlackRock und führender ETF-Anbieter
Lyxor	Ehemaliger Vermögensverwalter, wurde von Amundi übernommen

SPDR	ETF-Marke des US-amerikanischen Vermögensverwalters und Finanzdienstleisters State Street
UBS	Internationale Großbank und Vermögensverwalter mit Sitz in der Schweiz
Vanguard	Genossenschaftlich organisierter Vermögensverwalter aus den USA, gegründet vom Erfinder der Indexanlage, John Bogle
Xtrackers	ETF-Marke der Fondsgesellschaft DWS, die zur Deutschen Bank gehört, und einer der größten ETF-Anbieter in Europa

Tabelle 13

Achten Sie auf folgende ETF-Kriterien

Für viele Indizes gibt es mehr als nur einen ETF. Bei der Auswahl und beim Vergleich verschiedener ETFs helfen ETF-Such-Tools im Internet. Die Auswahl eines ETF ist kein Hexenwerk. Folgende Kriterien sind relevant:

- Index und Zusammensetzung
- Kosten
- Fondsvolumen
- Fondsalter
- Ertragsverwendung
- Replikation

!

QR-Code und Link zur ETF-Suche von „extraETF"

Link: https://extraetf.com/de/etf-search

Index und Zusammensetzung: Marktbreit und global

ETFs wollen die Wertentwicklung eines Index möglichst exakt nachbilden. Umso wichtiger ist es für ETF-Anleger, den richtigen Index für ihre Anlagestrategie auszuwählen.

Dabei gilt es Überraschungen zu vermeiden und stets den Index zu analysieren: Welche Regionen, Länder und Branchen deckt der Index ab? Wie gewichtet der Index die einzelnen Werte?

Manche Indizes enthalten nur wenige Titel. Oder die Titel werden nach einer schwer nachvollziehbaren Methodik ausgewählt und zusammengesetzt. Das ist gerade bei Branchen- und Themenindizes der Fall. Für die langfristige Vermögensbildung und Altersvorsorge nach dem passiven Investmentansatz eignen sich hingegen marktbreite Indizes. D. h., je mehr Titel der Index umfasst und je gleichmäßiger diese gewichtet sind, desto besser ist das Risiko gestreut. Hier kommen die zuvor schon erwähnten Indizes MSCI ACWI, FTSE All-World oder MSCI World (in Kombination mit MSCI Emerging Markets) als Portfoliobasis infrage.

Meist gibt es mehrere ETFs, die den gleichen Index abbilden. Daher sollten Anleger die verfügbaren ETFs hinsichtlich weiterer Kriterien wie z. B. Kosten oder Ertragsverwendung vergleichen.

Kosten: TER und TD

Ein wichtiger Faktor für den langfristigen Erfolg des passiven Investierens mit ETFs sind möglichst geringe Kosten. Denn je höher die Kosten sind, desto geringer fällt die Rendite aus.

Eine Kennzahl für die Kosten eines ETF ist die Gesamtkostenquote, die sog. „**Total Expense Ratio (TER)**“. Sie ist durch die Investment-Industrie und die Europäische Union einheitlich definiert und dadurch leicht vergleichbar. Die TER gibt die jährlichen laufenden internen Kosten des ETF in Prozent an. Darunter fallen Verwaltungsgebühren, Vertriebskosten oder Lizenzgebühren an den Indexanbieter. Die TER zahlen Anleger nicht direkt von ihrem Konto. Der ETF-Anbieter entnimmt die TER anteilig aus dem ETF-Fondsvermögen, d. h. aus den investierten Anlagegeldern.

ETFs auf marktbreite Indizes wie den MSCI World gibt es bereits für eine TER von 0,2 % oder weniger.

Rechenbeispiel: Ein Anleger hat 10.000 Euro in einen ETF investiert. Dessen TER beträgt 0,2 %. D. h., der Anleger hat (10.000 Euro x 0,2 % =) 20 Euro an Gebühren pro Jahr. Die Wertentwicklung seines Investments fällt also um 20 Euro geringer aus.

Der Begriff „Gesamtkostenquote“ ist jedoch etwas irreführend. Denn neben der TER können noch weitere, für den

Anleger „verdeckte" interne Kosten im ETF entstehen. Z. B. Transaktionskosten, wenn der ETF die in ihm enthaltenen Wertpapiere umschichtet. Oder Swap-Gebühren, die synthetische ETFs für die ihnen zugrunde liegenden Swap-Geschäfte bezahlen.

Außerdem sollten Anleger auch laufende externe Kosten berücksichtigen. Dazu gehören Ordergebühren beim Broker, Handelsgebühren wie die Geld-Brief-Spanne (Differenz zwischen An- und Verkaufskurs) sowie Steuern auf ETF-Erträge. Diese externen Kosten sind relativ transparent. Anleger können sie bei ihrem Broker einsehen.

Wie lassen sich die internen Gesamtkosten aus TER und verdeckten internen Kosten eines ETF bestimmen?

Als Kennzahl für die Qualität eines ETF und auch die internen Kosten können Anleger die sog. „**Tracking Difference (TD)**" heranziehen (nicht zu verwechseln mit dem Tracking Error). Die TD gibt den Unterschied zwischen der Rendite des ETF und der Rendite des zugrunde liegenden Index an. Sie zeigt damit, wie gut der ETF den Index nachbildet und wie viel Rendite durch interne Kosten verloren geht.

Rechenbeispiel: Ein Index erzielt eine Rendite von 5 %. Der entsprechende ETF hat eine TER von 0,2 %, erwirtschaftet jedoch nur eine Rendite von 4 %. Die TD zwischen Index- und ETF-Rendite beträgt somit einen Prozentpunkt. Durch interne Kosten des ETF ist den Anlegern also ein Prozentpunkt Rendite entgangen. Von diesem einen Prozentpunkt entfallen dabei 0,2 % auf die „sichtbaren" internen Kosten der TER und 0,8 % auf die „verdeckten" internen Kosten.

Mitunter kann die TD auch zugunsten des ETF ausfallen. In diesen Fällen ist die Wertentwicklung des ETF sogar besser als die seines Index. Hierzu kommt es, wenn der ETF intern zusätzliche Erträge erwirtschaftet und dadurch die internen Kosten – einschließlich der TER – mehr als ausgleicht. Zusätzliche Erträge entstehen z. B. durch Wertpapierleihe oder eine günstige Steuerregelung. Um die TD eines ETF wirklich beurteilen zu können, sollten Anleger die Wertentwicklung des ETF stets über mehrere Jahre vergleichen.

Es lässt sich also sagen: Die TER beschreibt nur die sichtbaren internen Kosten. Anleger finden sie ganz einfach im Factsheet des ETF. Die TD hingegen gibt die gesamten internen Kosten an. Die TD muss meist selbst berechnet oder im Internet recherchiert werden. Hier helfen www.extraetf.com oder www.trackingdifferences.com. Daher ist die TER hinsichtlich Kosten zwar die einfachere, aber ungenauere Kennzahl für Anleger.

!

QR-Code und Link zu „TrackingDifferences"

Link: https://www.trackingdifferences.com/

Fondsvolumen: Je größer, desto besser

Ein weiteres wichtiges Kriterium bei der ETF-Auswahl ist das Fondsvolumen. Das Fondsvolumen beschreibt, wie viel Geld die Anleger in einen ETF investiert haben.

Größere ETFs sind rentabler für den Anbieter als kleinere. Der Grund ist simpel: Egal, ob ein ETF viele oder wenige Gelder verwaltet, der Verwaltungsaufwand bleibt fast der gleiche. Je größer ein ETF ist, desto rentabler ist er deshalb. Und desto geringer ist auch die Gefahr, dass der Anbieter ihn wegen Unwirtschaftlichkeit auflöst oder mit anderen ETFs zusammenlegt.

Faustregel: Ab einem Fondsvolumen von mehr als 100 Millionen Euro gilt ein ETF als wirtschaftlich.

ETF-Anbieter geben neu aufgelegten ETFs meist eine Probezeit von einem Jahr. Sammelt er nicht genügend Geld ein, schließt ihn der Anbieter sehr wahrscheinlich wieder. Die Schließung eines ETF ist keine Katastrophe. Anleger erhalten ihr investiertes Geld zurück. Allerdings werden auf die bis dahin erzielten Gewinne direkt Steuern fällig. Zudem können bei der Wiederanlage des Geldes zusätzliche Kosten anfallen.

Volumenstarke ETFs haben einen weiteren Vorteil: Ihre Fixkosten werden breit verteilt. Anbieter können sie daher zu geringen Kosten anbieten. Das trifft besonders auf die großen ETFs zu, die einen weltweiten Index nachbilden. So gibt z. B. der ETF-Anbieter Vanguard die Kostenvorteile bei seinen großen ETFs regelmäßig an die Anleger weiter und senkt die Verwaltungsgebühren der entsprechenden ETFs.

Allerdings können sich auch ETFs mit geringem Fondsvolumen für ETF-Anbieter lohnen. Viele Nischen-ETFs wie z. B. spezielle Branchen-ETFs können gar nicht groß werden. Deshalb verlangen ETF-Anbieter hier meist auch höhere Gebühren. Bei diesen gilt 50 Millionen Euro als Schwelle.

Fondsalter: Je älter, desto besser

Ebenso wichtig ist das Fondsalter: Je älter ein ETF ist, desto leichter können Anleger ihn mit Konkurrenzprodukten vergleichen. Und desto besser zeigt sich auch, wie der ETF performt und ob seine Wertentwicklung derjenigen des zugrunde liegenden Index entspricht.

Faustregel: Der ETF sollte mindestens ein Jahr alt sein. Drei bis fünf Jahre sind noch besser. Denn dann können Anleger noch besser beurteilen, ob eine Schließung des ETF droht.

Ertragsverwendung: Thesaurierend vs. ausschüttend

Anleger profitieren von den laufenden Erträgen der Wertpapiere ihres ETF. Bei Aktien-ETFs entstehen laufende Erträge durch die Dividendenzahlungen der Unternehmen. Bei Anleihe-ETFs sind dies Zinszahlungen. Anlageformen wie Rohstoffe oder Gold generieren keine derartigen Erträge.

Grundsätzlich gibt es zwei Möglichkeiten, wie ETFs die Erträge verwenden:

- ausschütten (engl. „distributing“) oder
- thesaurieren, d. h. reinvestieren (engl. „accumulating“).

Ausschüttende ETFs sammeln die Erträge. Diese zahlen sie dann in regelmäßigen Abständen direkt an die ETF-Anleger aus. Das Geld wird in der Regel auf dem Verrechnungskonto des Depots gutgeschrieben. Anschließend steht es zur freien Verfügung.

Ausschüttende ETFs eignen sich für Anleger, die sich ein regelmäßiges passives Einkommen aufbauen wollen. Ausschüttende ETFs können zudem einen kleinen Steuervorteil haben. Liegen die Ausschüttungen unterhalb des sog. Sparerpauschbetrages von derzeit 1.000 Euro, müssen diese nicht versteuert werden.

Thesaurierende ETFs legen Erträge automatisch wieder im ETF an. Der ETF kauft mit dem Geld direkt wieder neue Wertpapiere. Er wird dadurch wertvoller und steigt im Kurs. D. h., Anleger haben durch die Thesaurierung zwar nicht mehr, aber wertvollere ETF-Anteile.

Durch die Thesaurierung, also die Wiederanlage der Erträge, profitieren Anleger vom Zinseszinseffekt. Die reinvestierten Erträge können nämlich in der Zukunft wiederum neue Erträge erwirtschaften. Sie erhöhen so den Wert des ETF zusätzlich. Der Kurs eines thesaurierenden ETF wächst deshalb immer schneller als der Kurs eines identischen ausschüttenden ETF. Thesaurierende ETFs sind daher besonders gut für Anleger geeignet, die langfristig Vermögen aufbauen wollen. Indem die Erträge ETF-intern automatisch reinvestiert werden, können Anleger außerdem Transaktionskosten sparen.

Gegenüberstellung thesaurierender und ausschüttender ETF

Thesaurierend	Ausschüttend
Langfristige Vermögensbildung	Passives regelmäßiges Einkommen
Automatische Wiederanlage ohne Transaktionskosten	Ggf. Transaktionskosten im Falle einer manuellen Wiederanlage
Zinseszinseffekt	Ausnutzung des Sparerpauschbetrages
Depotwert steigt	Verrechnungskontostand steigt

Tabelle 14

Replikation: Physisch vs. synthetisch

Ziel von ETFs ist es, einen bestimmten Index möglichst genau nachzubilden. Diese Nachbildung heißt „Replikation". Hierbei gibt es verschiedene Replikationsmethoden:

- physische/direkte Replikation (vollständige Replikation und optimiertes Sampling),
- synthetische/indirekte Replikation.

Bei der **physischen Replikation** investiert der ETF direkt in die Titel, die der Index enthält. Hierbei lassen sich zwei Varianten unterscheiden: die vollständige Replikation und das sogenannte „optimierte Sampling".

ETFs mit vollständiger Replikation halten alle Titel mit derselben Gewichtung wie der Index. Ein vollständig replizierender DAX-ETF investiert das Geld in alle 40 Unternehmen des DAX. Er gewichtet diese exakt so wie der deutsche Leitindex. Fällt ein Unternehmen aus dem DAX, schichtet der DAX-ETF entsprechend um.

Die vollständige Replikation von Indizes mit sehr vielen Titeln ist jedoch schwierig und teuer. ETFs auf marktbreite Indizes wie den MSCI World kaufen daher nur die wichtigen und liquiden Titel des Index. Die Titel werden so ausgewählt, dass der ETF den Performance- und Risiko-Eigenschaften des nachzubildenden Index sehr nahekommt. Diese näherungsweise Nachbildung heißt „optimiertes Sampling" (Sampling = Stichprobe). Sampling hat einen Vorteil gegenüber der vollständigen Replikation: Durch die geringere Anzahl von Wertpapieren lassen sich Transaktionskosten bei Indexanpassungen reduzieren. Nachteil: Durch die näherungsweise Nachbildung kann die ETF-Performance von der Index-Performance abweichen.

Bei der **synthetischen Replikation** investiert der ETF meist nicht in die Titel des nachzubildenden Index, sondern in beliebige andere Titel. Die Titelauswahl erfolgt hier unter Gesichtspunkten minimaler Transaktionskosten und Steuern. Das Renditeprofil des Index bildet der ETF indirekt über ein Tauschgeschäft (engl. „Swap") nach. Synthetisch replizierende ETFs heißen daher auch Swap-ETFs. Und das funktioniert so: Der ETF-Anbieter schließt mit einem Finanzpartner einen Vertrag. Dieser verpflichtet sich, dem ETF-Anbieter die Indexrendite zu zahlen. Im Tausch erhält er dafür eine Gebühr und die Rendite der beliebig gewählten Titel. Tauschpartner ist häufig der Mutterkonzern des ETF-Anbieters.

Swap-ETFs bieten verschiedene Vorteile. Sie ermöglichen es, in Nischenmärkte mit Handelsbeschränkungen und in Anlageklassen wie Rohstoffe zu investieren, die ohne indirekte Nachbildung nicht investierbar wären. Außerdem bilden Swap-ETFs die Wertentwicklung des Index in der Regel genauer, sprich mit einer geringeren Abweichung (Tracking Difference), als physische ETFs ab.

Swap-ETFs haben allerdings grundsätzlich ein Kontrahentenrisiko: Der Tauschpartner könnte insolvent gehen und seine Verpflichtungen gegenüber dem ETF-Anbieter nicht mehr erfüllen. Durch Sicherheitsmaßnahmen ist das Risiko eher theoretischer Natur.

Mein Ratschlag: Wählen Sie physisch replizierende ETFs aus, um ein Kontrahentenrisiko zu vermeiden und keine Index-fremden Wertpapiere im ETF zu haben.

Checkliste: Diese Kriterien sollte ein hochwertiger ETF erfüllen

- ✓ Marktbreiter Index
- ✓ Möglichst geringe Kosten bzw. TER
- ✓ Mind. 100 Mio. Euro Fondsvolumen
- ✓ Fondsalter mind. 1 Jahr, besser 3 bis 5 Jahre
- ✓ Thesaurierend, wer vom Zinseszinseffekt profitieren möchte
- ✓ Physische Replikation, um Kontrahentenrisiko und Index-fremde Wertpapiere auszuschließen

Weitere Kriterien

Die zuvor aufgezählten Top-6-Kriterien sollten Anleger bei der Auswahl ihres ETF unbedingt berücksichtigen. Daneben gibt es eine Reihe weiterer, jedoch weniger relevanter Kriterien.

Dazu zählt z. B. die **Fondswährung**. Sie ist diejenige Währung, in der der ETF das Fondsvermögen auf dem Papier verwaltet und abrechnet sowie Berichte veröffentlicht. Bietet ein ETF-Anbieter seinen ETF in Dollar und zusätzlich auch in Euro an, ist das für Anleger eine unwichtige Marketing-Spielerei. Die Depotbank rechnet am Ende sowieso in die Heimatwährung, hier: den Euro, um. Währungsrisiken entstehen durch Schwankungen der Heimatwährungen der im ETF enthaltenen Unternehmen. Anleger können Währungsschwankungen durch weltweites Streuen und langfristiges Investieren ausgleichen. Eine Absicherung gegen Währungsrisiken (ETF-Zusatz „EUR Hedged“) ist daher nicht nötig und unnötig teuer.

Ein weiteres Entscheidungskriterium kann das **Fondsdomizil** sein. Es ist der Ort, an dem der ETF aufgelegt wird. Europäische Anleger sollten auf ETFs mit dem Kürzel „UCITS“ achten. Diese sind in der EU aufgelegt und erfüllen bestimmte rechtliche Vorgaben und Sicherheitsstandards der EU. Außerhalb der EU beheimatete ETFs können hingegen für Schwierigkeiten sorgen. Deutsche Broker bieten diese aber so gut wie gar nicht an. Die meisten UCITS-konformen ETFs sind in Luxemburg und Irland aufgelegt. Das hat steuerliche und rechtliche Gründe. In der Regel spielt das Fondsdomizil für Anleger aber keine Rolle.

Factsheets helfen Ihnen bei der ETF-Wahl

Eine wichtige Entscheidungshilfe bei der Auswahl von ETFs sind Factsheets. **Factsheet** heißt übersetzt „Faktenblatt“. Factsheets werden vom ETF-Anbieter herausgegeben. Sie fassen die wichtigsten Informationen des jeweiligen ETF zusammen. Das sind z. B. Kosten und Replikationsart. Aussehen und Inhalt eines Factsheets unterscheiden sich von Anbieter zu Anbieter. Im Grunde enthalten aber alle Factsheets das gleiche Bündel an wichtigen Informationen.

Jeder ETF hat seinen eigenen **Namen**. Aus ihm lassen sich bereits auf den ersten Blick ein paar Angaben zum ETF ablesen.

Ein wenig kompliziert: Der typische Aufbau eines ETF-Namens

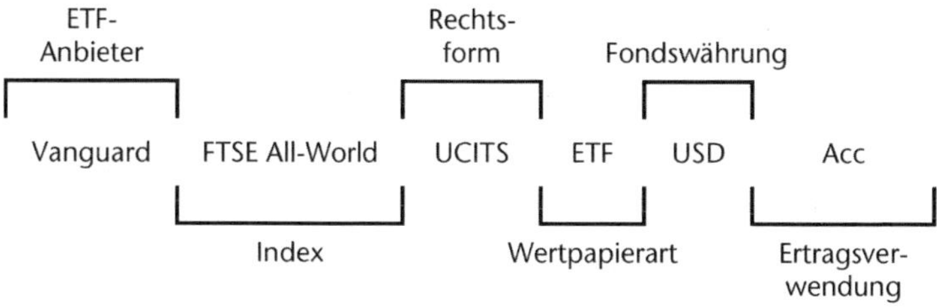

Abbildung 10

Meist in einem farbigen Kasten mit der Überschrift „Eckdaten“, „Fondsinformationen“ oder „Hauptmerkmale“ sind die **Stammdaten des Fonds** angegeben. Dazu gehört die für den Kauf wichtige WKN oder ISIN.

Die **WKN** (Wertpapierkennnummer) ist eine in Deutschland verwendete sechsstellige Ziffern- und Buchstabenkombination zur Identifikation von Wertpapieren.

International üblich ist die zwölfstellige **ISIN** (International Securities Identification Number). Sie dient der weltweiten Kennzeichnung von Wertpapieren.

Factsheet-Stammdaten

- **Anlageklasse**: Vermögensgegenstand, z. B. Aktien oder Anleihen
- **Fondswährung**: Rechnungswährung des ETF, meist Dollar oder Euro
- **Auflegungsdatum**: Datum, seit dem der ETF existiert
- **Fondsvolumen**: Summe der in den ETF investierten Gelder
- **Vergleichsindex**: Index, den der ETF abbildet, z. B. MSCI World Index
- **ISIN/WKN**: Nummer zur Identifikation des ETF
- **Kosten**: Gesamtkostenquote (TER), laufende Kosten des ETF
- **Ertragsverwendung**: Thesaurierend oder ausschüttend
- **Ausschüttungshäufigkeit**: Wie oft zahlt der ETF Dividenden aus
- **Domizil**: Rechtlicher Sitz des ETF, meist Irland oder Luxemburg
- **Replikationsmethode**: Nachbildungsart des Index, physisch / direkt / optimiert oder synthetisch / indirekt
- **Rebalancing-Intervall**: Wie oft wird die ETF-Zusammensetzung dem Index angepasst; meist viertel- oder halbjährlich

Tabelle 15

Mit der WKN oder ISIN lassen sich ETFs eindeutig identifizieren und schnell finden. Neben diesen beiden gibt es eine Reihe weiterer Stammdaten.

Factsheets enthalten zudem **Angaben zur Wertentwicklung**, also zur Rendite des ETF – z. B. wie sich der ETF pro Kalenderjahr entwickelt hat. Für Anleger interessant ist die kumulierte Wertentwicklung. Sie zeigt an, wie sich der ETF seit 1, 3, 5 Jahren oder seit Auflegung entwickelt hat.

Schließlich macht das Factsheet noch Angaben über die **10 größten Werte** im ETF. Ebenso gibt es Auskunft über die **Verteilung des Fondsvermögens** auf Branchen (Sektoren) und Länder. Je nach Marktlage und aktueller Indexzusammensetzung ändern sich diese Angaben.

ETF-Auswahl leicht gemacht

Sie können Ihre ETF-Suche auch abkürzen. Wählen Sie einfach Ihre ETFs aus Tabelle 16 aus. Dort finden Sie hochwertige ETFs für alle gängigen Standardindizes, mit denen Sie eines der fünf Basis-Portfolios bauen können.

ETFs auf Aktienindizes
• **MSCI ACWI:** iShares (IE00B6R52259), SPDR (IE00B44Z5B48)
• **MSCI ACWI SRI:** UBS (IE00BDR55471)
• **MSCI World:** iShares (IE00B4L5Y983), Xtrackers (IE00BJ0KDQ92), Lyxor (LU1781541179), SPDR (IE00B-FY0GT14), Invesco (IE00B60SX394)
• **MSCI World SRI:** iShares, SRI Reduced Fossil Fuels (IE-00BYX2JD69), Amundi, SRI Filtered PAB (LU1861134382), UBS, SRI Low Carbon (LU0950674332)
• **MSCI World Small Cap:** iShares (IE00BF4RFH31), SPDR (IE00BCBJG560)
• **MSCI Emerging Markets:** HSBC (IE000KCS7J59), iShares (IE00B4L5YC18), Xtrackers (IE00BTJRMP35), Amundi (LU1437017350), SPDR (IE00B469F816)
• **MSCI Emerging Markets IMI:** iShares (IE00BKM4GZ66)
• **MSCI Emerging Markets SRI:** iShares, SRI Reduced Fossil Fuels (IE00BYVJRP78), Amundi, SRI Filtered PAB (LU1861138961), UBS, SRI Low Carbon (LU1048313974)
• **FTSE All-World:** Vanguard (IE00BK5BQT80)
• **FTSE Developed:** Vanguard (IE00BK5BQV03)
• **FTSE Emerging:** Vanguard (IE00BK5BR733)
ETFs auf Staatsanleihenindizes
• **FTSE Eurozone Highest Rated Macro-Weighted Government Bond 1-3Y:** Lyxor (LU1829219556)
• **Bloomberg Euro Government Bond 1-3yr:** iShares (IE00B3VTMJ91)
• **Markit iBoxx EUR Eurozone 1-3yr:** Xtrackers (LU0290356871)

Tabelle 16 • Index, ETF-Anbieter und ISIN

Schritt 5: Ein Depot eröffnen

Wer in Aktien oder andere Wertpapiere wie Staatsanleihen investieren möchte, benötigt ein Wertpapierdepot bei einem Broker. Aber was ist eigentlich ein Depot, und was ist ein Broker?

Beide Begriffe werden oft synonym verwendet, meinen aber etwas Unterschiedliches.

Ein **Broker** ist ein Finanzdienstleister. Er führt die vom Anleger beauftragten Wertpapiergeschäfte an der Börse aus. Meist bieten Broker in Zusammenarbeit mit einer Bank auch das notwendige Depot an.

Ein **Depot** ist ein Konto nur für Wertpapiere. Über dieses verwalten Anleger ihre Wertpapierbestände. Hinzu kommt immer noch das sog. Verrechnungskonto. Dorthin überweisen sie ihr Geld, mit dem sie dann die gewünschten Wertpapiere kaufen. Das Verrechnungskonto gibt es bei Depoteröffnung meist automatisch dazu.

Bei der Depoteröffnung stehen Anleger vor der Wahl aus einer Fülle von Brokern. Ein Depot- bzw. Brokervergleich kann an dieser Stelle weiterhelfen. Anleger sollten vor der Depoteröffnung auf folgende Punkte achten:

- Brokertyp
- Angebot sparplanfähiger ETFs
- Kosten- und Gebührenstruktur

Entscheiden Sie: Welcher Broker soll es sein?

Anleger sollten sich fragen, **wo** sie ihr Depot eröffnen wollen. Sie können sich für eine Filial- oder Direktbank entscheiden, die neben dem üblichen Bankservice wie Girokonto und Kreditkarte auch einen Online-Broker anbietet. Oder sie entscheiden sich für die noch relativ jungen reinen Online-Broker, daher auch „Neo-Broker“ genannt.

Neo-Broker bieten keinen Bankservice an und konzentrieren sich rein auf den Wertpapierhandel – meist via App für Smartphone oder Tablet. Sie kooperieren nur mit wenigen ausgewählten Börsen. Deshalb ist das Angebot an Wertpapieren bei ihnen begrenzt. Für die meisten Anleger mit einem Basis-Portfolio reicht es aber mehr als aus.

Das schlanke Konzept der Neo-Broker hat einen großen Vorteil: Sie haben weniger Kosten. Sie verlangen daher geringere Gebühren als die klassischen Online-Brokerangebote der Filial- und Direktbanken. Filialbanken bieten auch die Möglichkeit, ein Depot offline zu führen, d. h. schriftlich oder persönlich mit dem Bankberater. Die Offline-Variante ist allerdings sehr teuer und nicht empfehlenswert. Wer dieses Buch gelesen hat und somit weiß, wie er sein Portfolio aufbauen will, braucht keine Anlageberatung einer Filialbank mehr. Selbst wer nur sporadisch Online-Banking macht, kommt locker mit einem Online-Broker zurecht – egal, ob klassischer Online-Broker einer Filial-/Direktbank oder Neo-Broker.

Im Internet finden Sie zahlreiche Depot-/Broker-Vergleiche. Diese stellen Ihnen die Gebühren und Leistungen der Anbieter gegenüber. Sie können dann überlegen, welches Depot am besten für Sie geeignet ist.

!

QR-Code und Link zum Depot-Vergleich von „Finanzfluss"

Link: https://www.finanzfluss.de/vergleich/depot/

Prüfen Sie: Welche sparplanfähigen ETFs bietet der Broker an?

Die allermeisten Anleger investieren nicht einmalig eine höhere Summe in ETFs, sondern haben einen monatlichen ETF-Sparplan. Daher sollten Anleger prüfen, welche sparplanfähigen ETFs ihr Broker anbietet.

Hochwertige sparplanfähige ETFs auf die zuvor vorgestellten Basisindizes für ein Basis-Portfolio bieten eigentlich alle Broker an. Manche Anleger wollen zusätzlich noch in Einzelaktien oder besondere ETFs investieren. Diese sollten das Wertpapierangebot der verschiedenen Broker etwas genauer vergleichen.

Prüfen Sie: Welche Gebühren verlangt der Broker?

Schließlich sollten Anleger auf die Gebühren des Brokers achten. Die drei wichtigsten Gebühren sind:

- Depotgebühren
- Ordergebühren
- Sparplangebühren

Die **Depotgebühr** ist eine jährliche Grundgebühr des Brokers für die Verwaltung des Depots. Aufgrund der großen Konkurrenz zwischen den Brokern ist die Depotführung meistens kostenlos.

Eine Order ist ein Auftrag zum Kauf oder Verkauf eines Wertpapieres. Die **Ordergebühr** ist diejenige, die für den Kauf oder den Verkauf eines Wertpapiers anfällt. Die Neo-Broker haben die Ordergebühr meist pauschal auf 1 Euro begrenzt. Bei Brokern der Filial- und Direktbanken kann eine prozentuale oder nach Ordersumme gestaffelte Ordergebühr fällig werden.

Sparplanausführungen sind im Grunde regelmäßig wiederkehrende Wertpapierorders. Für sie gibt es häufig Sonderkonditionen. Neo-Broker verlangen für Sparplanausführungen häufig gar keine Gebühren mehr.

Faustregel: Die Sparplanausführung sollte nicht mehr als 1 % der Anlagesumme kosten.

Gebühren sind übrigens verlorenes Geld, das nicht investiert werden und keine Zinseszinsen erwirtschaften kann. Anlegern entgeht dadurch Rendite. ETF-Anleger sollten neben den Sparplangebühren auch die normalen Ordergebühren im Kopf behalten. Denn der ETF-Kauf per Sparplan kann günstig oder sogar kostenlos sein. Beim Verkauf Jahre später fallen Order-(Verkaufs-)Gebühren an.

Checkliste: Hierauf sollten Sie bei der Depoteröffnung achten

- ✓ Kostenlose Depotführung
- ✓ Möglichst geringe Order- und Sparplangebühren
- ✓ Sparplanfähige Basis-ETFs
- ✓ Ggf. Wertpapierangebot, Handelszeiten, Ordertypen

Nach der Eröffnung: Einmalanlage oder Sparplan?

Wer in ETFs investieren möchte, hat zwei Möglichkeiten: Sparplan oder Einmalanlage. In beiden Fällen ist die Investition auf einen langfristigen Anlagehorizont ausgerichtet.

Die meisten Anleger investieren per **Sparplan**, d. h., sie investieren regelmäßig – meist monatlich – einen festen Betrag in ETFs. Vorteil: Sparplan-Anleger profitieren vom sogenannten „Durchschnittskosteneffekt“ oder „Cost-Average

Effect“. Dieser beschreibt den Effekt, dass Anleger bei regelmäßigen, gleichbleibenden Sparraten von den allgemeinen Kursschwankungen profitieren, indem sie bei niedrigeren Kursen mehr ETF-Anteile als bei höheren Kursen erwerben. Auf längere Sicht zahlen Anleger auf diese Weise niedrigere Durchschnittspreise und erhöhen so ihre Rendite. Der Einstiegszeitpunkt ist bei Sparplänen weniger wichtig.

Manchmal haben Anleger eine größere Summe zur Verfügung, z. B. aufgrund einer Erbschaft oder einer Bonuszahlung aus der Arbeit. Solche Anleger können dann die gesamte Summe direkt **auf einmal** in einen oder mehrere ETFs investieren. Vorteil hier: Der volle Betrag wird direkt verzinst bzw. erwirtschaftet sofort Rendite. Auf diese Weise können Anleger den Zinseszinseffekt besser ausnutzen. Das gilt auch dann, wenn Anleger einen ungünstigen Einstiegszeitpunkt erwischen und die Kurse kurz nach dem Kauf sinken. Denn langfristig steigt der Aktienmarkt immer – und zwar unabhängig vom Einstiegszeitpunkt.

Mein Ratschlag: Wer sich trotzdem unsicher fühlt, kann seine größere Geldsumme auch ratenweise in einem Sparplan über einen Zeitraum von beispielsweise sechs Monaten verteilt investieren.

Zusammenfassung

Die 5 Schritte zum eigenen ETF-Portfolio

- Schritt 1: Erstellen Sie einen Anlageplan. Aktien-ETFs eignen sich bei langfristigen Anlagehorizonten.
- Schritt 2: Bestimmen Sie Ihr Risikoprofil. Je mehr Risiko Sie aushalten, desto größer kann der Aktienanteil im Portfolio sein.
- Schritt 3: Wählen Sie den richtigen Index. Es gilt, den globalen Aktienmarkt abzubilden.
- Schritt 4: Finden Sie den passenden ETF. Achten Sie dabei insbesondere auf die ETF-Kosten, Fondsvolumen und Fondsalter.
- Schritt 5: Eröffnen Sie ein Depot. Achten Sie hierbei vor allem auf die Gebühren und die Zahl der sparplanfähigen ETFs.

3. PORTFOLIOMANAGEMENT

Drei Regeln für die Verwaltung Ihres Portfolios

Das Portfolio steht. Doch damit ist die Arbeit nicht zu Ende. Nun geht es um die langfristige Verwaltung Ihres Portfolios. Drei einfache Regeln gilt es zu beachten.

Regel 1: Portfolio rebalancen

Wer nun ein Portfolio angelegt oder einen Sparplan abgeschlossen hat, braucht nicht ständig die aktuellen Aktienkurse zu verfolgen. Im Laufe der Zeit kann jedoch die ursprünglich gewählte Portfolioaufteilung durch unterschiedliche Renditeentwicklung der einzelnen Komponenten aus dem Gleichgewicht geraten. Daher sollten Anleger regelmäßig ein „Rebalancing" durchführen, d. h., die ursprüngliche Portfolioaufteilung wiederherstellen. Das kann die Aufteilung zwischen dem Sicherheitstopf aus Geld/Anleihen und dem Renditetopf aus Aktien und/oder auch die Aufteilung innerhalb des Renditetopfs betreffen.

Folgende Vorgehensweise empfiehlt sich:

- Zunächst überprüfen Anleger, ob die ursprünglich gewählte Portfolioaufteilung noch zur aktuellen Lebenssituation oder den persönlichen Anlagepräferenzen passt. Andernfalls passen sie ihre Zielaufteilung an.
- Anschließend überprüfen Anleger, ob die aktuelle reale Portfolioaufteilung mit der Zielaufteilung überein-

stimmt. Andernfalls passen sie die aktuelle Aufteilung der Zielaufteilung an.

Rebalancing am Beispiel einer 70/30-Portfolioaufteilung

Abbildung 11

Anleger haben verschiedene Möglichkeiten, die ursprüngliche Verteilung wiederherzustellen:

1. Sie verkaufen anteilig die übergewichteten Positionen. Mit dem frei gewordenen Geld kaufen sie dann anteilig die untergewichteten Positionen. Dies kann jedoch zu Transaktionskosten und möglicherweise auch zu Steuern auf Verkaufsgewinne führen.
2. Anleger können alternativ mit einer Einmalzahlung aus ihrem Cashbestand das ursprüngliche Zielverhältnis wiederherstellen. Vorteil ist, dass sie nur Käufe tätigen. Steuerpflichtige Veräußerungsgewinne fallen dadurch nicht an.
3. Oder sie teilen ihre monatlichen Sparraten einfach neu auf, bis nach einer Weile das Portfolio wieder ausgeglichen ist.

Faustregel: Sie sollten das eigene Portfolio einmal im Jahr rebalancen. Und dies auch nur dann, wenn die Depotzusammensetzung um mehr als 10 Prozentpunkte von der Zielaufteilung abweicht. Das erspart Arbeit und Kosten.

Wo liegt der Mehrwert des Rebalancings? Zum einen bedeutet Rebalancing Risikokontrolle. Durch die Umschichtung im Portfolio stellen Anleger den ursprünglich gewählten Risikograd ihres Portfolios wieder her. Zum anderen erhöhen Anleger mit Rebalancing ihre Renditechancen ein bisschen. Denn Rebalancing fördert antizyklisches Handeln: Positionen, die im Wert gestiegen und damit übergewichtet sind, werden verkauft. Andere Positionen, die spiegelbildlich untergewichtet und relativ günstiger sind, werden gekauft. Getreu dem Motto: Günstig kaufen, teuer verkaufen.

Regel 2: Ruhe bewahren im Börsencrash

Der globale Aktienmarkt kennt langfristig nur eine Richtung: nach oben. Aber von Zeit zu Zeit kommt es zu einem Börsencrash. Die Kurse brechen spürbar ein. Das sorgt für Verunsicherung.

Was sollten Anleger tun?

Ruhe bewahren!

Ist das Depot im roten Bereich, sind dies zunächst einmal nur sogenannte „Buchverluste", also rechnerische Verluste auf dem Papier. Verluste werden erst dann echt, d. h. realisiert, wenn Anleger Aktien oder ETFs unter ihrem Kaufpreis verkaufen.

Mein Ratschlag: Sitzen Sie die Krise einfach aus, bis Ihr Depot wieder im grünen Bereich ist. Auf jede Krise ist noch immer ein Aufschwung gefolgt!

Auf alle Fälle sollten Sie nicht aus Angst auf die Idee kommen, im Crash ETF-Anteile tatsächlich zu verkaufen und erst dann wieder einsteigen zu wollen, wenn sich die Kurse erholen. Denn niemand kann voraussagen, wann die Krise vorbei und der ideale Wiedereinstiegszeitpunkt ist. Sie laufen vielmehr Gefahr, zu spät einzusteigen und den Aufschwung zu verpassen. Das kostet Sie alles unnötig Rendite und verursacht am Ende ggf. echte Verluste.

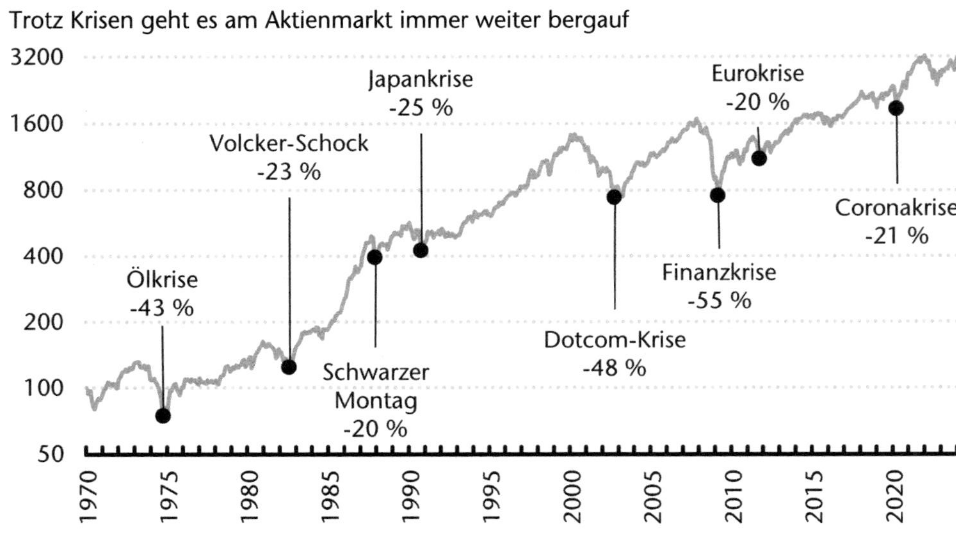

Abbildung 12 • Datenquelle: MSCI • Zeitraum: 1970–2023 (54 Jahre) • eigene Verlustberechnung auf Monatskursbasis • MSCI World Kursindex • in US-Dollar • logarithmische Darstellung

Und was sollten Sparplan-Anleger tun?

Sparplan-Anleger lassen ihren Sparplan einfach ganz entspannt weiterlaufen – und profitieren von den gefallenen Kursen. Denn nun bekommen sie für ihre Sparrate mehr ETF-Anteile. Geht es dann wieder nach oben, profitieren sie mit mehr Anteilen davon.

Das zeigt folgendes **Rechenbeispiel**: Angenommen, Sie investieren jeden Monat 300 Euro. Ein ETF-Anteil kostete vor dem Crash 100 Euro. D. h., Sie konnten 3 ETF-Anteile kaufen. Jetzt im Crash ist der Kurs des ETF eingebrochen. Ein Anteil kostet nun nur noch 60 Euro. Für die gleichen 300 Euro können Sie jetzt 5 ETF-Anteile kaufen. Steigt der ETF-Kurs nach dem Crash wieder auf seinen ursprünglichen Wert, sind Ihre 5 ETF-Anteile jetzt 500 Euro wert.

Wer im Crash über freies Kapital verfügt, kann eine zusätzliche Einzelanlage tätigen. Es erfordert allerdings etwas Mut, dann zu investieren, wenn die Kurse fallen. Der Fachbegriff hierfür ist **„antizyklisches Handeln"**. Ein Crash bedeutet im Grunde, dass Sie Aktien und ETFs zum Schnäppchenpreis kaufen können.

Folgender Vergleich aus dem Alltag verdeutlicht dies gut: Von Zeit zu Zeit ist die Tafel Schokolade im Supermarkt im Angebot und kostet 30 % weniger. Dann legen viele eine zusätzliche Tafel in den Einkaufswagen. Wenn die Börse aber um 30 % gefallen ist, stecken viele Anleger den Kopf in den Sand. Im schlimmsten Fall verkaufen Anleger aus Angst vor noch größeren Verlusten ihre Aktien. Falsch! Wenn die Börse um 30 % gefallen ist, können Sie ebenfalls ein Schnäppchen machen – wie bei der Schokolade. Denn nun können Sie den gleichen Aktienkorb wie zuvor einfach günstiger kaufen.

Die in Abbildung 12 gezeigten Verluste können Sie also auch als Rabattschild verstehen. In der Coronakrise konnten Sie Aktien mit einem Rabatt von 21 % kaufen.

Regel 3: Steuern sparen

Wer in ETFs investiert, muss sich auch mit dem Thema Steuern auseinandersetzen. Die gute Nachricht dabei ist: Der Anleger hat kaum Arbeit. Das meiste erledigt der Depotanbieter für einen. Drei Punkte sind jedoch relevant:

- Kapitalertragssteuer
- Sparerpauschbetrag
- Steuervorteil von Buy-and-Hold

Kapitalertragssteuer

Wer mit Geldanlagen Gewinne macht, muss auf diese Gewinne Steuern zahlen – die sogenannte **Kapitalertragssteuer** (auch Abgeltungssteuer). Die Kapitalertragssteuer beträgt pauschal 25 % plus Solidaritätszuschlag. Beides zusammen ergibt einen Steuersatz von 26,375 %. Bei Kirchenmitgliedern kommt noch Kirchensteuer obendrauf.

Zu Gewinnen zählen:

- **Zinsen**: Das können Sparbuch- oder Tages- und Festgeldzinsen sein sowie Zinszahlungen aus Anleihegeschäften.
- **Realisierte Kursgewinne**: Das ist der tatsächliche Gewinn, der beim Verkauf von Wertpapieren wie Aktien oder ETFs entsteht.

- **Dividenden**: Schütten Aktienunternehmen oder ETFs Dividenden aus, wird darauf Kapitalertragssteuer fällig.

Bei thesaurierenden Fonds und ETFs greift neben der Kapitalertragssteuer auch die sogenannte **Vorabpauschale**. Sie ist eine vorweggenommene Steuer auf die noch nicht realisierten Kursgewinne. Mit ihr möchte der Staat schon heute von der positiven Wertentwicklung von Fonds und ETFs profitieren. Verkaufen Anleger ihren ETF später tatsächlich mit Gewinn, wird die bereits gezahlte Vorabpauschale mit der zu zahlenden Kapitalertragssteuer verrechnet. Die Vorabpauschale greift nur in Jahren, in denen der ETF an Wert gewinnt.

Die gute Nachricht: Ist der Anleger in Deutschland steuerpflichtig und führt sein Broker das Depot bei einer deutschen Bank, vereinfacht dies die Besteuerung erheblich. In diesem Fall führt die Depotbank die zu zahlende Steuer – Kapitalertragssteuer und auch Vorabpauschale – automatisch ans Finanzamt ab.

Bei der Kapitalertragssteuer zweigt die Depotbank die Steuer einfach vom Cash ab, das als Gewinn auf das Verrechnungskonto vom Anleger fließt. Bei der Vorabpauschale müssen Anleger selbst dafür sorgen, dass ihr Konto ausreichend gedeckt ist. Mit „Vorabpauschale-Rechnern" im Internet lässt sich die Höhe der Vorabpauschale ganz einfach berechnen.

!

QR-Code und Link zum Vorabpauschale-Rechner von „Finanzfluss"

Link: https://www.finanzfluss.de/rechner/vorabpauschale-berechnen/

Sparerpauschbetrag

Mit dem **Sparerpauschbetrag** lässt sich die Steuerlast reduzieren. Der Sparerpauschbetrag ist ein Steuerfreibetrag bei Kapitalerträgen. Gewinne aus Geldanlagen sind bis zu einer Höhe von 1000 Euro pro Jahr und Person steuerfrei (bei zusammenveranlagten Ehepaaren 2000 Euro). Die Kapitalertragssteuer fällt nur auf Gewinne an, die über den Freibetrag hinausgehen.

Um den Freibetrag automatisch zu nutzen, müssen Anleger einen **Freistellungsauftrag** bei ihrem Broker bzw. Depotanbieter einrichten. Das geht meist online mit ein paar Klicks. Andernfalls führt der Depotanbieter die Kapitalertragssteuer bereits ab dem ersten Euro ans Finanzamt ab. Anleger können sich aber zu viel gezahlte Steuern nachträglich mit der nächsten Steuererklärung vom Finanzamt zurückholen. Wer mehrere Depots bei verschiedenen Anbietern hat, sollte seinen Freibetrag auf diese Anbieter aufteilen.

Steuervorteil von Buy-and-Hold

Langfristiges Buy-and-Hold, also das Kaufen und dann langfristige Halten von Wertpapieren wie ETFs, hat einen eingebauten Steuervorteil – den **Barwertvorteil der nachgelagerten Besteuerung**.

Was steckt dahinter? Dividenden werden sofort bzw. jährlich versteuert. Kursgewinne werden jedoch erst dann besteuert, wenn sie realisiert werden, also zum Zeitpunkt des Verkaufs. Der Fachbegriff hierfür heißt „nachgelagerte Besteuerung". In die Zukunft verschobene Steuerzahlungen bringen einen klaren finanziellen Vorteil: Geld für eine Steuerzahlung, das nicht heute, sondern erst in einigen Jahren abzuführen ist, kann weiter investiert sein und damit Erträge erwirtschaften. Dieser Vorteil ist also bares Geld wert. Warren Buffett nennt daher die nachgelagerte Besteuerung von Kursgewinnen auch ein „zinsloses Darlehen vom Staat".

Das **Rechenbeispiel** in Tabelle 17 verdeutlicht den steuerlichen Unterschied sofortiger und nachgelagerter Besteuerung: Der aktive Investor realisiert seinen Kursgewinn einmal im Jahr und wird sofort besteuert. Der passive Buy-and-Hold-Investor realisiert seinen Kursgewinn erst am Ende des Anlagezeitraums.

Es werden 10.000 Euro für 30 Jahre bei einer angenommenen Rendite von 7 % angelegt.

	Passiver Investor (nachgelagerte Besteuerung)	**Aktiver Investor (jährliche Besteuerung)**
Anfangsbetrag	10.000 €	10.000 €
Vorsteuerrendite p.a.	7 %	7 %
Endbetrag nach Steuern	58.683 €	45.159 €
Nachsteuerrendite p.a.	6,1 %	5,2 %
Vorteil des passiven gegenüber dem aktiven Anleger		
Mehrgewinn	+ 13.524 €	
Mehrrendite	+ 0,9 %-Punkte	

Tabelle 17

Zusammenfassung

Die 3 Regeln für die Portfolioverwaltung

- Regel 1: Rebalancing – Durch unterschiedliche Renditeentwicklung können die Portfoliokomponenten aus dem Gleichgewicht geraten. Rebalancen Sie daher regelmäßig Ihr Portfolio.
- Regel 2: Ruhe bewahren – Von Zeit zu Zeit crasht die Börse. Bewahren Sie Ruhe und sitzen Sie die Krise aus.
- Regel 3: Steuern sparen – Wer mit Aktien-ETFs Geld verdient, kommt am Thema Steuern nicht vorbei. Reduzieren Sie, wo möglich, Ihre Steuerlast.

Zum Abschluss: Das Wichtigste überhaupt

Ein eigenes ETF-Portfolio anzulegen ist gar nicht schwer. Die Grundlagen dazu haben Sie in den vorherigen Kapiteln gelernt. Zum Abschluss erfahren Sie nun noch die wahrscheinlich wichtigste Regel überhaupt: die 72-Stunden-Regel.

Haben Sie schon von ihr gehört? Die Regel besagt: Wenn Sie sich etwas vornehmen, sollten Sie innerhalb der nächsten 72 Stunden damit beginnen. Denn andernfalls steigt die Gefahr und Wahrscheinlichkeit, dass Sie es gar nicht tun.

Fangen Sie deshalb jetzt, JETZT, mit dem Investieren in ETFs an. Jedes Jahr, jeder Monat, jeder Tag, den Sie länger investiert sind, bringt Ihnen zusätzliche Gewinne.

Anhang

Glossar

Abgeltungssteuer	s. → *Kapitalertragssteuer*
Aktie	Beteiligung an einem börsennotierten Unternehmen, einer Aktiengesellschaft. Aktien sind sowohl eine → *Wertpapier*art als auch eine eigene → *Anlageklasse*. Historisch betrachtet sind Aktien die renditestärkste Anlageklasse und ein wirksamer Inflationsschutz.
Aktienmarkt	Umfasst im weiteren Sinne den gesamten Handel mit Aktien. Der Aktienmarkt lässt sich in verschiedene Segmente, z. B. nach Regionen oder Branchen, einteilen, wie in den deutschen und den globalen Aktienmarkt oder den Markt für Automobil- und Gesundheitsaktien.
Aktives Investieren	Anlagestrategie, bei der versucht wird, durch Einzelauswahl von Aktien und günstige Kauf- und Verkaufszeitpunkte eine Mehrrendite zu erzielen.
Anlagehorizont	Zeitraum, in dem Geld in einer Anlage bzw. einem Investment gebunden ist. Er beeinflusst die Wahl der Anlagestrategie und damit die Rendite. Bei langfristigen Anlagehorizonten eignen sich Aktien-ETFs. Je länger der Anlagehorizont bei Aktien-ETFs ist, desto geringer ist außerdem das Verlustrisiko.
Anlageklasse	Engl. „asset class"; eine Gruppe von Vermögenswerten mit gemeinsamen Merkmalen, z. B. hinsichtlich Wertentwicklung und Risiko. Klassische Anlageklassen sind z. B. → *Aktien*, → *Anleihen*, Immobilien und Gold.

Anlagestrategie	Auch „Investmentstrategie"; bezeichnet die Vorgehensweise eines Anlegers bei der Geldanlage. Es lässt sich zwischen → *aktivem* und → *passivem Investieren* unterscheiden.
Anleihe	Engl. „bonds"; festverzinsliches → *Wertpapier* (auch Rentenpapier genannt), verbrieft das Recht auf Rückzahlung eines Kredits zu einem bestimmten Zeitpunkt zuzüglich einer Verzinsung. Anleihen sind börsengehandelte Kredite an Staaten oder Unternehmen. Sie sind nicht nur eine Wertpapierart, sondern auch eine eigene → *Anlageklasse.*
Antizyklisches Handeln	Auch „antizyklisches Investieren"; beschreibt eine Strategie, bei der Anleger gegen den aktuellen Markttrend investieren, also Aktien kaufen, wenn die Kurse fallen, und verkaufen, wenn sie steigen.
Ausgabeaufschlag	Eine einmalige Gebühr, die beim Kauf von Fondsanteilen anfällt.
Bonität	Kreditwürdigkeit; beschreibt die Fähigkeit und den Willen eines Schuldners, seinen Zahlungsverpflichtungen fristgerecht und vollständig nachzukommen.
Börse	Handelsplatz für Wertpapiere wie Aktien und andere Finanzprodukte. Die Börse bringt Käufer und Verkäufer zusammen und bestimmt auf der Grundlage von Angebot und Nachfrage die Preise der Handelsgüter.
Broker	Dt. „Börsenmakler"; ein Finanzdienstleister, der die vom Anleger beauftragten Wertpapiergeschäfte an der Börse ausführt.

Buchverlust	Nicht realisierter, rechnerischer Verlust einer Geldanlage. Fällt der Wert einer Aktie im Depot unter ihren Kaufwert, spricht man von einem rechnerischen Buchverlust. Wird die Aktie dann tatsächlich unter Wert verkauft, spricht man von einem realisierten Verlust.
Buy-and-Hold	Dt. „kaufen und halten"; langfristige Strategie, bei der Anleger Aktien kaufen und dann unabhängig von kurzfristigen Marktschwankungen über einen langen Zeitraum (mitunter Jahrzehnte) im Depot halten. Buy-and-Hold ist ein wesentliches Prinzip der → *passiven Anlagestrategie*.
Cost-Average Effect	s. → *Durchschnittskosteneffekt*
DAX	Abk. für „Deutscher Aktienindex"; bildet die Wertentwicklung der 40 nach → *Marktkapitalisierung* größten an der Frankfurter Börse notierten Unternehmen ab. Der DAX gilt als Leitindex der deutschen Wirtschaft.
Depot	Konto für Wertpapiere, über das Anleger ihren Wertpapierhandel abwickeln und in dem sie ihre Wertpapierbestände aufbewahren.
Diversifikation	Auch „Risikostreuung"; Aufteilung des Kapitals auf verschiedene Anlagen (z. B. viele Aktien) oder Anlageklassen (z. B. Aktien, Anleihen, Immobilien). Dadurch sinkt das Gesamtrisiko. Breit diversifizierte Portfolios erleiden geringere Verluste.
Dividende	Ausschüttung, mit der eine Aktiengesellschaft ihre Eigentümer am Gewinn beteiligt.
Durchschnittskosteneffekt	Effekt, dass Anleger bei regelmäßiger Anlage eines festen Betrags von Kursschwankungen profitieren, da sie bei niedrigeren Kursen mehr Anteile kaufen können als bei höheren Kursen. Auf lange Sicht zahlen sie dadurch

	einen günstigeren Durchschnittspreis. Das gilt insbesondere im Vergleich zu denjenigen Anlegern, die regelmäßig eine feste Anzahl an Anteilen, aber zu unterschiedlichen Kursen kaufen.
Einlagensicherung	Im Fall der Pleite einer Bank schützt die gesetzliche Einlagensicherung Bankeinlagen bis zu einem Betrag von 100.000 € je Kunde und Bank vor dem Verlust. Die Sicherung gilt z. B. für Tagesgeld-, Festgeld- und Girokonten, für Sparkonten (Sparbuch) und ebenso für das Verrechnungskonto des Depots.
Einzelwertrisiko	s. → *Unternehmensspezifisches Risiko*
ETF	Abk. für „Exchange-Traded Fund" (dt. „börsengehandelter Fonds"); meint hier einen an der Börse gehandelten Indexfonds. Ein ETF bildet passiv die Wertentwicklung eines → *Index* nach, statt aktiv eine eigene Anlagestrategie zu verfolgen. Mit Aktien-ETFs können Anleger einfach und günstig Geld am Aktienmarkt investieren.
ETF-Sparplan	Form der langfristigen Geldanlage. Dabei wird regelmäßig, meist monatlich, ein fester Geldbetrag in ETFs investiert. Anleger profitieren hierbei vom → *Durchschnittskosteneffekt*.
Fonds	Eine Art großer Anlagetopf, in den Anleger Geld einzahlen und der dieses dann an den Finanzmärkten investiert. Ein Fonds bündelt verschiedene Wertpapiere in einer Geldanlage. Gewöhnlich wird zwischen indexbasierten → *ETFs* und → *aktiv gemanagten Investmentfonds* unterschieden.

Freistellungsauftrag	Kapitalerträge unterliegen der → *Kapitalertragssteuer*. Normalerweise führt die depotführende Bank automatisch die Kapitalertragssteuer ans Finanzamt ab. Mit dem Freistellungsauftrag wird die Bank angewiesen, anfallende Kapitalerträge bis zur Höhe des gesetzlichen → *Sparerpauschbetrags* vom automatischen Steuerabzug freizustellen.
Geldwertillusion	Auch „Geldillusion"; liegt vor, wenn sich Anleger nicht am realen, sondern nominalen Wert des Geldes orientieren und dabei den inflationsbedingten → *Kaufkraft*verlust nicht berücksichtigen.
Gesamtkostenquote	Engl. „Total Expense Ratio", TER; gibt die jährlichen laufenden Kosten bei Investmentfonds an. Die TER beinhaltet jedoch nicht alle Fondskosten. Eine bessere, aber schwierig zu berechnende Kennzahl für die wahren Kosten ist die →*Tracking Difference (TD).*
Index	Ein Indikator, der Auskunft über die Entwicklung einer bestimmten Auswahl an Werten, meist Aktien, gibt. Ein Aktienindex zeigt also, wie sich eine Gruppe von Aktien oder ein ganzer Aktienmarkt entwickelt. Wichtiger Hinweis: Kurs-/Preisindizes spiegeln die Entwicklung der Aktienkurse ohne Berücksichtigung der Dividenden wider. Performance-/ Bruttoindizes rechnen die Dividenden in die Wertentwicklung mit ein. Deshalb entwickeln sich Performanceindizes besser als reine Kursindizes.
Indexing	Meint, einfach passiv einem → *Index* zu folgen, statt gezielte, aktive Anlageentscheidungen zu treffen. Indexing ist eines der wesentlichen Prinzipien des → *passiven Investierens.*

Inflation	Bezeichnet den allgemeinen Anstieg der Preise über einen längeren Zeitraum. Inflation führt zu einer Geldentwertung. Für die gleiche Menge an Geld kann der Konsument nun weniger kaufen als zuvor, d. h., das Geld verliert an → *Kaufkraft*. Ermittelt wird die Inflation anhand der Inflationsrate. Diese gibt den prozentualen Anstieg des allgemeinen Preisniveaus innerhalb eines bestimmten Zeitraums an. Inflation ist eine Gefahr für Anleger. Sie schmälert sowohl den realen Wert von Ersparnissen als auch die Renditen von Geldanlagen.
ISIN	Engl., Abk. für „International Securities Identification Number" (dt. „Internationale Wertpapieridentifikationsnummer"); dient der internationalen Kennzeichnung von Wertpapieren. In Deutschland werden ISIN und → *WKN* parallel verwendet.
Kapitalertragssteuer	Steuer auf Gewinne aus Kapitalanlagen. Dazu zählen Zinsen, realisierte Kursgewinne und Dividenden. Korrekt heißt die Kapitalertragssteuer „Abgeltungssteuer auf vereinnahmte Kapitaleinkünfte". Sie beträgt einheitlich 25 % zzgl. Solidaritätszuschlag und Kirchensteuer. Kapitaleinkünfte sind bis zur Höhe des → *Sparerpauschbetrags* steuerfrei.
Kaufkraft	Maßstab für den Wert des Geldes; beschreibt die Menge an Gütern, die mit einem bestimmten Geldbetrag gekauft werden kann. Steigt das allgemeine Preisniveau (→ *Inflation*), dann sinkt die Kaufkraft. Fällt das Preisniveau, erhöht sich die Kaufkraft.
Kontrahentenrisiko	Auch Gegenparteirisiko; Risiko, dass ein Vertragspartner seinen vertraglichen Verpflichtungen nicht oder nur teilweise nachkommt.

Market-Timing	Dt. „Wahl des richtigen Zeitpunkts im Markt"; aktive → *Anlagestrategie*, bei der versucht wird, durch das Abpassen günstiger Kauf- und Verkaufszeitpunkte eine höhere Rendite zu erzielen als der Marktdurchschnitt. Aber: „Time in the Market beats Timing the Market", d. h., langfristiges Investiertsein hat statistisch höhere Renditechancen als kurzfristiges Handeln (Rein-Raus).
Marktkapitalisierung	Engl. „market cap"; aktueller Börsenwert eines Unternehmens. Errechnet sich aus der Anzahl der ausgegebenen Aktien multipliziert mit dem aktuellen Aktienkurs. Häufigstes Gewichtungskriterium in Indizes: Je größer die Marktkapitalisierung des Unternehmens, desto größer sein Gewicht im Index.
Marktrendite	Durchschnittsrendite, die alle Anleger eines bestimmten Markts gemeinsam erwirtschaften. Die Aktienmarktrendite ist also die durchschnittliche Rendite, die sich aus dem Handeln aller Aktienanleger ergibt.
Marktrisiko	Meint das Risiko, dass der gesamte Aktienmarkt oder die große Mehrheit der Aktien eines Marktes zur gleichen Zeit im Kurs fallen.
MSCI World	Globaler Aktienindex; beinhaltet rund 1600 große und mittelgroße Unternehmen aus 23 Industrieländern. Gilt als *der* Standardindex und Vergleichsmaßstab für ein globales Aktienportfolio.
Nominale Rendite	Misst die rein zahlenmäßige Wertsteigerung einer Geldanlage ohne Berücksichtigung von → *Inflation*/→ *Kaufkraft*verlust.

Notfallrücklage	Finanzielle Reserve, um unerwartete Kosten und Ausgaben decken zu können. Sie soll verhindern, in den Dispokredit zu rutschen oder investiertes Geld angreifen zu müssen. Als Notfallrücklage sind nur sichere und schnell verfügbare Geldanlagen wie Spar- oder Tagesgeld geeignet.
Order	Auftrag an der Börse zum Kauf oder Verkauf von Wertpapieren. → *ETF-Sparpläne* sind regelmäßig wiederkehrende Wertpapierorders.
Passives Investieren	Anlagestrategie, bei der mit indexbasierten, global diversifizierten und kostengünstigen → *ETFs* auf langfristiger → *Buy-and-Hold*-Basis die Marktrendite erzielt werden soll. Die Finanzmarktforschung zeigt, dass passives Investieren → *aktivem Investieren* überlegen ist.
Reale Rendite	Auch „inflationsbereinigte Rendite"; misst die Wertsteigerung einer Geldanlage in echter → *Kaufkraft*.
Rebalancing	Regelmäßige Wiederherstellung der ursprünglichen Portfolioaufteilung. Das kann sowohl die Aufteilung zwischen dem → *Sicherheits-* und → *Renditetopf* als auch die Aufteilung innerhalb des Renditetopfs betreffen. Rebalancing bedeutet daher auch Risikokontrolle und ist eine wichtige Regel beim Management des eigenen Portfolios.
Rendite	Prozentuale Wertsteigerung einer Geldanlage innerhalb eines bestimmten Zeitraumes, in der Regel eines Jahres.
Renditetopf	Teil des Portfolios, der die Erträge erwirtschaftet. Er besteht aus Aktien-ETFs als renditestärkster Anlageklasse.

Replikation	Art und Weise, wie ein ETF den Index nachbildet. Physisch-replizierende ETFs kaufen grundsätzlich die Aktien, die im Index enthalten sind. Synthetische ETFs bilden den Index über ein Tauschgeschäft (→ *Swap*) nach.
Risiko	Meint die Gefahr von Wertschwankungen. Schwankt eine Anlage im Wert, besteht das Risiko von Verlusten (aber auch die Chance auf Gewinne). Je stärker eine Anlage schwankt, desto risikoreicher ist sie. Am Aktienmarkt gilt: Wenn Anleger breit gestreut und ausreichend lange investieren, sinkt das Verlustrisiko auf praktisch null.
Risikoprofil	Fähigkeit und Bereitschaft eines Anlegers, bei der Geldanlage → *Risiken* einzugehen. Das Risikoprofil entscheidet darüber, welchen Anteil Anleger risikoreich und welchen risikoarm investieren. Je mehr Risiko ein Anleger wirtschaftlich und emotional tragen kann, desto größer kann der Anteil risikoreicher Anlagen, z. B. Aktien, in seinem Portfolio sein.
Risikostreuung	s. → *Diversifikation*
Rückkehr zum Mittelwert	Auch „Regression zum Mittelwert“, eigentlich ein Begriff aus der Statistik; beschreibt hier das Phänomen, dass Renditen kurzfristig stark schwanken können, langfristig betrachtet aber um die durchschnittliche → *Marktrendite* pendeln, d. h., zu ihrem langfristigen Mittelwert zurückkehren.
Sicherheitstopf	Teil des Portfolios, der die Schwankungen, d. h. möglichen Verluste, des gesamten Portfolios reduziert. Besteht aus risikolosen Zinsanlagen. Das sind Tages- und Festgeld und/oder kurzlaufende Staatsanleihen mit höchster Bonität.

Sparerpauschbetrag	Freibetrag bei der Einkommenssteuer für Kapitalerträge. Kapitalerträge bis 1.000 € bei Alleinstehenden bzw. 2.000 € bei Zusammenveranlagten sind steuerfrei. Die → *Kapitalertragssteuer* fällt nur auf Erträge an, die über diesen Freibetrag hinausgehen.
Staatsanleihen	s. → *Anleihen*
Stock-Picking	Dt. „Aktienauswahl"; aktive → *Anlagestrategie*, bei der gezielt einzelne Aktien ausgewählt werden mit dem Ziel, eine höhere Rendite zu erwirtschaften als der Marktdurchschnitt.
Swap	Tauschgeschäft, bei dem der Swap-ETF (auch synthetischer ETF) nicht direkt die im Index enthaltenen Wertpapiere kauft, sondern von einem Tauschpartner die Indexrendite erhält und diesem im Gegenzug dafür eine Gebühr zahlt.
Thesaurieren	Einbehalten bzw. Reinvestieren von Gewinnen. Thesaurierende ETFs schütten die → *Dividenden* der in ihnen enthaltenen Aktien nicht aus, sondern legen sie direkt wieder an, d. h. kaufen mit dem Geld neue Aktien. Aufgrund des → *Zinseszinseffekts* sind thesaurierende ETFs für die langfristige Vermögensbildung besonders gut geeignet.
Total Expense Ratio (TER)	s. → *Gesamtkostenquote*
Tracking Difference (TD)	Renditedifferenz zwischen der Wertentwicklung des ETF und der Wertentwicklung des ihm zugrunde liegenden Index. Die TD zeigt die tatsächlichen Kosten und Gebühren eines ETF (oder anderen Indexproduktes) auf. Die TD ist daher ein genauerer Kostenindikator als die → *Gesamtkostenquote* (TER).

Transaktionskosten	Kosten, die beim Handel mit Wertpapieren anfallen, z. B. Kauf- und Verkaufsgebühren, Steuern, Courtage.
UCITS	Engl., Abk. für „Undertakings for the Collective Investment in Transferable Securities"; eine EU-Richtlinie, die spezielle Anforderungen und Sicherheitsstandards an Fonds definiert und dem Anlegerschutz dient.
Unternehmensspezifisches Risiko	Meint die Wertschwankung einer Aktie, welche aus Faktoren resultiert, die ausschließlich ebenjenes Unternehmen betreffen. Das unternehmensspezifische Risiko lässt sich im Portfolio durch → *Diversifikation* minimieren.
Verrechnungskonto	Hilfskonto oder Zwischenkonto, über das alle mit dem → *Depot* verbundenen Zahlungen (z. B. Wertpapierkauf oder Dividendenausschüttungen) abgewickelt werden.
Vorabpauschale	Eine vorweggenommene Besteuerung noch nicht realisierter Kursgewinne von Fondsanteilen.
Wertpapier	Ein verbrieftes Vermögensrecht, also eine Urkunde, die dem Besitzer den Anspruch auf einen bestimmten Wert bestätigt. Die wichtigsten Wertpapiere sind → *Aktien* und → *Anleihen.*
Wertpapierkennnummer (WKN)	Eine in Deutschland verwendete sechsstellige Ziffern- und Buchstabenkombination zur Identifikation von Wertpapieren.
Zinseszinseffekt	Beschreibt das exponentielle Wachstum einer Geldanlage. Zinseszinsen sind Zinsen, die auf Zinserträge gezahlt werden. Der Zinseszinseffekt tritt ein, wenn über einen längeren Zeitraum die Zinserträge direkt wieder angelegt und ebenfalls verzinst werden. In der Folge wächst das angelegte Kapital immer schneller. Zeit ist daher tatsächlich sprichwörtlich Geld.

Buch- und Internetempfehlungen

Bücher: Geld anlegen

Beck, Andreas (2022): Erfolgreich wissenschaftlich investieren. Wer vor Krisen Angst hat, hat's nicht verstanden; Eulogia, Hamburg

Kommer, Gerd (2018): Souverän investieren mit Indexfonds und ETFs; Campus, Frankfurt am Main

Kommer, Gerd (2021): Kaufen oder Mieten? Wie Sie für sich die richtige Entscheidung treffen; Campus, Frankfurt am Main

Siegel, Jeremy (2016): Aktien für die Ewigkeit. Das Standardwerk für die richtige Portfoliostrategie und eine kontinuierliche Rendite; FBV, München

Walz, Hartmut (2020): Einfach genial entscheiden in Geld- und Finanzfragen; Haufe, Freiburg

Weber, Martin et al. (2020): Die genial einfache Vermögensstrategie. So gelingt die finanzielle Freiheit; Campus, Frankfurt am Main

Bücher: Mehr als nur Geld

Braun, Nikolaus (2021): Über Geld nachdenken. Klug entscheiden, gelassen bleiben, Lebensqualität gewinnen; Campus, Frankfurt am Main

Clason, George S. (2002 [1926]): Der reichste Mann von Babylon; Goldmann, München

Dobelli, Rolf (2019): Die Kunst des klaren Denkens. 52 Denkfehler, die Sie besser anderen überlassen; Piper, München

Housel, Morgan (2021): Über die Psychologie des Geldes. Zeitlose Lektionen über Reichtum, Gier und Glück; FBV, München

Kostolany, André (2015): Die Kunst, über Geld nachzudenken; Ullstein, Berlin

Rosling, Hans (2019): Factfulness: Wie wir lernen, die Welt so zu sehen, wie sie wirklich ist; Ullstein, Berlin

Schäfer, Bodo (2019): Ein Hund namens Money. Spielerisch zu Erfolg und Wohlstand; dtv, München *(für Kinder)*

Internetseiten

www.justetf.com

www.extraetf.com

www.finanzfluss.de

www.gerd-kommer.de/blog/

www.hartmutwalz.de/finanzblog/

www.trackingdifferences.com

Quellenverzeichnis und Endnoten

Quellenverzeichnis

Amaral, Francisco et al. (2023): German Real Estate Index (GREIX); ECONtribute Discussion Paper No. 231, May 2023 (updated version), Internetquelle: https://www.econtribute.de/RePEc/ajk/ajkdps/ECONtribute_231_2023.pdf (Letzter Zugriff: 11.01.2024)

Bank for International Settlements (2024): Residential property prices; Internetquelle: https://data.bis.org/topics/RPP (letzter Zugriff: 11.01.2024)

Beck, Andreas (2021a): Erfolgreich wissenschaftlich investieren. Wer vor Krisen Angst hat, hat's nicht verstanden; eBook, Internetquelle: https://globalportfolio-one.com/e-book/ (Letzter Zugriff: 11.01.2024)

Beck, Andreas (2021b): „Die Frage ist nicht, ob sich mein Kapital verdoppelt, sondern wann"; Interview in Focus Money, 21/2021, S. 8–15, Internetquelle: https://globalportfolio-one.com/wp-content/uploads/2022/03/Focus-Money-GPO-1.pdf (Letzter Zugriff: 11.01.2024)

Beck, Andreas (2023): „Die beste Zeit für den Vermögensaufbau ist jetzt"; Interview in Comdirect Magazin, Online-Beitrag vom 17.01.2023, aktualisiert am 13.04.2023, Internetquelle: https://magazin.comdirect.de/maerkte-im-blick/die-beste-zeit-fuer-den-vermoegensaufbau-ist-jetzt (Letzter Zugriff: 11.01.2024)

Börse Frankfurt (2024): Kursinformationen REX (Performance); Internetquelle: https://www.boerse-frankfurt.de/index/rex-performance (Letzter Zugriff: 11.01.2024)

Buffett, Warren (2014): To the Shareholders of Berkshire Hathaway Inc.; BERKSHIRE HATHAWAY INC., Shareholder Letter 2013 vom 28.02.2014, Internetquelle: https://www.berkshirehathaway.com/letters/2013ltr.pdf (Letzter Zugriff: 11.01.2024)

Deutsche Bundesbank (2024): Verbraucherpreisindex / Deutschland / Ursprungswerte / Insgesamt; Internetquelle: https://www.bundesbank.de/dynamic/action/de/statistiken/zeitreihen-datenbanken/zeitreihen-datenbank/723452/723452?tsId=BBDP1.A.DE.N.VPI.C.A00000.I20.L&tsTab=0&dateSelect=2022&listId=www_ssb_lr_vpi&id=0 (Letzter Zugriff: 11.01.2024)

Deutsches Aktieninstitut (2023): Jubiläumsausgabe des DAX-Rendite-Dreiecks; Stand: 31.12.2022, Internetquelle: https://www.dai.de/fileadmin/user_upload/221231_DAX-Rendite-Dreieck_70_Jahre_Web.pdf (Letzter Zugriff: 11.01.2024)

Dimson, Elroy / Marsh, Paul / Staunton, Mike (2002): Triumph of the Optimists. 101 Years of Global Investment Returns; Princeton University Press, Princeton

Dimson, Elroy / Marsh, Paul / Staunton, Mike (2018): Credit Suisse Global Investment Returns Yearbook 2018 Summary Edition; Credit Swiss Research Institut, Zürich, Internetquelle: https://www.credit-suisse.com/media/assets/corporate/docs/about-us/media/media-release/2018/02/giry-summary-2018.pdf (Letzter Zugriff: 11.01.2024)

Dimson, Elroy / Marsh, Paul / Staunton, Mike (2023): Credit Suisse Global Investment Returns Yearbook 2023 Summary Edition; Credit Swiss Research Institut, Zürich, Internetquelle: https://www.credit-suisse.com/media/assets/corporate/docs/about-us/research/publications/credit-suisse-global-investment-returns-yearbook-2023-summary-edition.pdf (Letzter Zugriff: 11.01.2024)

IfW Köln / ECONtribute (2024): German Real Estate Index (GREIX); Website des GREIX, Internetquelle: https://greix.de/ (Letzter Zugriff: 11.01.2024)

Jacks, David (2023): Real Commodity Prices, 1850-present; Internetquelle: https://davidjacks.org/wp-content/uploads/2023/02/Real-commodity-prices-1850-2022.xlsx (Letzter Zugriff: 11.01.2024)

Kommer, Gerd (2018): Souverän investieren mit Indexfonds und ETFs; Campus, Frankfurt am Main

Kommer, Gerd (2020): Zehn Gründe, warum aktives Investieren schlecht funktioniert; Blog-Beitrag vom 07.02.2020, Internetquelle: https://gerd-kommer.de/warum-aktives-investieren-schlecht-funktioniert/ (Letzter Zugriff: 11.01.2024)

Kommer, Gerd (2021): Kaufen oder Mieten – Wie Sie für sich die richtige Entscheidung treffen; Campus, Frankfurt am Main

Kommer, Gerd (2022a): Passiv investieren – die Basics; Blog-Beitrag vom 01.09.2022, Internetquelle: https://gerd-kommer.de/passiv-investieren-die-basics/ (Letzter Zugriff: 11.01.2024)

Kommer, Gerd (2022b): Finanzexperte Gerd Kommer verrät: So investiere ich privat mein Geld; Business Insider Online-Artikel vom 31.12.2022, Internetquelle: https://www.businessinsider.de/wirtschaft/finanzen/finanzexperte-gerd-kommer-erzaehlt-so-investiere-ich-mein-geld-p10/ (Letzter Zugriff: 11.01.2024)

Kommer, Gerd (2023): Wertsteigerung von Wohnimmobilien – Traum und Wirklichkeit; Blog-Beitrag vom 12.05.2023, Internetquelle: https://gerd-kommer.de/wertsteigerungen-wohnimmobilien/ (Letzter Zugriff: 11.01.2024)

MSCI (2024): Verschiedene Indexdaten; Internetquelle: https://www.msci.com/ (Letzter Zugriff: 11.01.2024)

S&P Dow Jones Indices (2023): SPIVA Europe Scorecard, Mid-Year 2023 Highlights; Internetquelle: https://www.spglobal.com/spdji/en/documents/spiva/spiva-europe-mid-year-2023.pdf?-force_download=true (Letzter Zugriff: 11.01.2024)

Sharpe, Wiliam (1991): The Arithmetic of Active Management; in: Financial Analysts Journal, Vol. 47, No. 1, Jan/Feb 1991, S. 7–9

Walz, Hartmut (2016): Einfach genial entscheiden in Geld- und Finanzfragen; Haufe, Freiburg

Weber, Martin et al. (2020): Die genial einfache Vermögensstrategie. So gelingt die finanzielle Freiheit; Campus, Frankfurt am Main

Weber, Martin (2024): Webpräsenz des Lehrstuhls von Prof. Martin Weber; Internetquelle: https://www.bwl.uni-mannheim.de/weber/ (Letzter Zugriff: 11.01.2024)

Wikipedia (2024): Deutscher Rentenindex; Internetquelle: https://de.wikipedia.org/wiki/Deutscher_Rentenindex (Letzter Zugriff: 11.01.2024)

Endnoten

1 Hier sei auf die Forschungsarbeiten von Weber (2024) verwiesen. Prof. Martin Weber, Uni Mannheim, forscht u. a. im Bereich der verhaltensorientierten Finanzmarkttheorie (Behavioral Finance) von Privatanlegern. Eine Liste seiner Forschungsarbeiten findet sich hier: https://www.bwl.uni-mannheim.de/weber/forschung/#c61060 (Letzter Zugriff: 11.01.2024)

2 Exemplarisch für die Renditestärke von Aktien sind hier Dimson/Marsh/Staunton (2002, 2023) mit dem Credit Suisse Global Investment Returns Yearbook genannt. Das Yearbook ist das Referenzwerk für historische, langfristige Renditen. Es deckt alle wesentlichen Anlageklassen in rund drei Dutzend Ländern ab. Für die meisten Länder liegen Daten seit 1900 vor. Herausgeber des Yearbook ist das Credit Suisse Research Institute in Zusammenarbeit mit der London Business School.

3 Vgl. Dimson/Marsh/Staunton (2023).

4 Eigene Berechnung, basierend auf Dimson/Marsh/Staunton (2023).

5 Die hier verwendeten Wohnimmobiliendaten stammen von dem von IfW Köln / ECONtribute (2024) entwickelten German Real Estate Index (GREIX); siehe zum GREIX auch Amaral et al.(2023); Aktien schnitten auch besser ab im Vergleich zum Immobilienindex der Bank for International Settlements (2024); Kommer (2021, 2023) zeigt, dass die langfristige Gesamtrendite (Wertsteigerung + Mietrendite) von Wohnimmobilien sichtbar niedriger ist als die von

Aktien. Kommer (2018) weist darauf hin, dass die hohen Renditen deutscher Staatsanleihen – das gilt ebenso für deutsche Wohnimmobilien – in den letzten Jahrzehnten im Vergleich zu den niedrigeren historischen Langfristrenditen in nicht wiederholbaren Bewertungsgewinnen gründen und zukünftig wieder mit niedrigeren Renditen zu rechnen ist.

6 Kommer (2018) schlussfolgert, dass die globalen historischen (Aktien-)Renditen seit 1900 repräsentativ für die langfristige Zukunft sind; vgl. auch Beck (2021a, 2023), Walz (2016).

7 Laut Beck (2021a) findet sich das Risikoszenario eines dauerhaften Zusammenbruchs der globalen Wirtschaft nicht in den historischen Daten. Beck wirft zugleich die Frage auf, ob es überhaupt eine Anlageklasse gibt, die bei einem dauerhaften Zusammenbruch der Weltwirtschaft wertstabil wäre.

8 Eine Auswahl der Studien und eine privatanlegerfreundliche, ausführlichere Begründung finden sich bei Kommer (2020); eine theoretische Begründung für das schlechte Abschneiden aktiv gemanagter Fonds gibt Sharpe (1991) mit seiner Arithmetik des aktiven Investierens; einen praktischen Beweis liefert S&P Dow Jones Indices (2023) mit ihrer langjährigen SPIVA Scorecard; für die weitere Erläuterung in den folgenden Abschnitten siehe auch ebenjene Quellenverweise.

9 Siehe S&P Dow Jones Indices (2023).

10 Für die Beweisführung der Überlegenheit des passiven Investierens gegenüber dem aktiven Investieren seien aus der deutschsprachigen Literatur beispielhaft genannt: Kommer (2018), Beck (2021a), Walz (2016), Weber et al. (2020).

11 Kommer (2022b), der die passive Anlagestrategie mit ETFs in Deutschland populär gemacht hat, hat sein privates Portfolio in rund 80 % Aktien und den Rest in kurzlaufende Anleihen mit sehr niedrigem Risiko und hoher Bonität aufgeteilt.

12 Buffett (2014) schreibt an seine Investoren: „Put 10 % of the cash in short-term government bonds and 90 % in a very low-cost S&P 500 index fund.“ Hinweis: Zwecks globaler Streuung sollten Anleger statt des US-amerikanischen Aktienindex S&P 500 einen globalen Aktienindex wählen.

Stichwortverzeichnis

Über den Autor

Dr. Max Niebling ist Privatanleger und ETF-Experte. Auf seinem Weg zum eigenen ETF-Portfolio lernte er, wie überraschend einfach und sicher eine Geldanlage am Aktienmarkt doch sein kann – wenn man es denn richtig angeht. Deshalb arbeitete er sich noch tiefer ins Thema ein. Seine praktische Erfahrung und Expertise gibt er nun an andere weiter. Dass er als Privatanleger für Privatanleger schreibt, macht ihn authentisch und unterscheidet ihn von den vielen anderen Finanzautoren.

Niebling arbeitet in der hessischen Landesverwaltung und wohnt mit seiner Familie in Frankfurt am Main. Er studierte Politik-, Wirtschafts- und Rechtswissenschaften. Anschließend promovierte er über die Eurokrise.